성(性)과 사랑

▶ 이효주

박영사

"성과 사랑"이란 교양핵심 과목은 정원이 100명인 교과목으로 우리 대학에서 채플을 제외하고 수강생이 가장 많이 모이는 교과목 중의 하나가 아닐까 생각한다. 양질의 수업을 위해서 정원 감축에 대해서 교양 대학에 건의해 보기도 했지만, 나의 요청은 받아들여지지 않았다. 한 학기 동안 학생들과 교류하며 학생들의 이름을 외우고 눈을 마주치며 수업하기를 선호하는 나에게 100명이라는 학생 수는 다소 많다 여겨지지만, 대학 생활의 꽃이 타 전공 학생들을 만날 수 있는 교양 수업이란 점을 고려한다면, 100명 정원을 유지하는 것도 학생들이 이 수업에서 가져갈 수 있는 유익 중의 하나가 아니겠느냐고 나의 인식을 전환하며 수업을 진행해 가고 있다.

30명이 모이지 않아서 폐강의 위기를 맞는 교양 과목들이 많이 있다는 걸 고려할 때, 2020년부터 이 과목을 가르친 이후, 거의 매 학기 90명을 훌쩍 넘는 학생들이 이 강의를 선택하고 있다는 것은 이 교과목이 학생들 가운데서 사랑을 받고 있다는 증거가 아닐까? 사실, 내가 이 교과목을 가르치기 전부터 이 과목은 매 학기 거의 100명의 수강생이 선택하는 교과목이었고, 현재도 내가 가르치는 분반 외에 분반 하나가 더 운영되고 있으니 재학생들이 사랑하는 교과목으로 자리를 잡았다고 봐야 할 것이다.

한 학생은 보고서에서 "교양 과목의 '성과 사랑'이라고 하면 다들 데이트 과제를 떠올릴 것이다. 나도 에브리타임(이후-에타)에서 그 과제와 관련된 글만 수없이 봐 왔는데..."라는 구절을 읽은 적이 있다. 이 과목이 에타에서 피해야 할 '페미 과목'으로 회자하지 않고, 이 교과목을 택한 학생들에게 주어지는 과제 중 하나로 알려졌다니 다행이라는 마음도 들었다. 이 과제를 수행하기 이전부터, 이 교과목은 어렵지 않게 수강생을 모을 수 있었음을 고려할 때, 이 교과목이 인기 교과목으로 자리매김한 이유를 생각해 보면 '성(性)'이란 주제와 '사랑'이라는 주제를 제목으로 하고 있음이 가장 우선이 아닐까 생각한다. 고등학교를 졸업하고 이제 막 성인기의 문턱에 들어선 학생들에게 이 두 주제는 흥미를 끌 만하다.

취업 시장의 어려움으로 최근 대학 생활은 낭만보다 치열함이 더 팽배하다는 의견과 초혼 연령이 30대 이후로 미루어지면서 20대에 이루어야 할 과업으로 여겨지던 '연애'가 필수가 아니라 선택이 되었다는 지적을 인정한다. 동시에 '성(性)'과 '사랑'이라는 이 두 주제는 20대 초반~중반의 학생들이 탐색하고 싶은 의지를 갖기에 충분히 매력적인 주제가 아닐까 생각한다. 학생들의 기대를 충족시키기 위해서 학기 후반부 사랑과 결혼 등의 주제를 다루지 않는 것은 아니지만, 이 수업에서 상당 부분 "성(性)"을 다루게 된다. 하지만, 이 수업에서 다루는 성은 'sex'라기보다는 'gender'라는 것을 인식해야 할 필요가 있다. [젠더라는 것이 무엇을 의미하는지 후에 더 이야기하기로 하자.]

나는 첫 시간 학생들에게 이 수업을 소개하면서 이 수업의 목표를 "인식의 지평선 넓히기"라고 소개한다. 대학 재학 중 수강했던 교양 수업을 통해서 그동안 생각해 보지 못했던 부분을 고민할 수 있는 기회를 제공한다면, 또 평소 당연하다 생각하며 살던 삶의 태도와 자기가 안다고 여겼던 지식의 근간에 대해 의문을 제기할 수 있게 된다면 이 수업이 목표하는 바는 어느 정도 달성했다고 생각된다.

그런 의미에서 "공부란 곧 자기 파괴다"라고 정의한 지바 마사야와 이 수업이 목표하는 바는 어느 정도 일맥상통하다고 봐야 할 것이다. 공부라고 하면 무언가를 외워서 시험지에 맞는 답을 작성하는 것이라 흔히들 생각하지만, 지바 마사야는 오히려 공부란 자기를 파괴하는 것이라고

지바 마사야, 『공부의 철학』 박제이 옮김, (서울: 책세상, 2018), 19.

정의하면서, 공부가 획득이 아니라 상실의 과정임을 『공부의 철학(2017)』에서 밝히고 있다. 대학수학능력시험에 길든 한국 학생들에게 공부가 획득이란 것은 특별한 설명이 필요 없다. 은행에 돈을 저축하듯, 학생들은 초등학교 때부터 대학 입시 시험을 위해 차곡차곡 지식을 쌓아 올린다. 이런 패러다임에서 공부는 획득이고 저장이다. 그런데 공부가 상실이라니? 대체 무얼 상실해야 하는 거지?

이 수업은 여성주의에 바탕을 두고 젠더 평등을 위해 동참하고 연대하는 개인을 길러내는 것을 목적으로 한다. 다시 말해, 평등한 세상을 만들기 위한 민주시민을 길러내는 것이 이 수업이 지향하는 바다. 그러한 목적을 이루기 위해 한국 사회에서 태어나 자라면서 공기만큼 자연스럽게 생각하고 행동하고 있는 자기 자신의 젠더에 대한 생각과 성역할고정관념을 인지하고 바꿔나가는 것을 목표로 한다. 무엇보다 우리에게 익숙한 젠더에 대한 생각은 가부장적인 이데올로기에 뿌리를 두고 있음을 알아야 하겠다. 가부장적 이념을 바탕으로 남성중심적으로 형성된 젠더 개념은 여성에 대한 남자의 지배를 정당화했을 뿐 아니라 개인의 개성이 꽃피우지 못하게 억압하는 기제로 작용하는 것을 알아차리고 예전의 자기를 상실할 수 있길 바라본다. 새로운 자기가 만들어지기 위해서 옛 자기를 파괴할 수 있어야 한다.

내가 좋아하는 흑인 여성 교육학자인 벨 훅스(bell hooks)의 *Teaching to Transgress*(1994)라는 책 제목 역시 순종하고 순응하도록 가르치는 것이 아니라 자유를 실천하기 위한 교육은 위반하도록 가르치는 것이라 이야기하고 있는데 자기 파괴로서의 공부와 일맥상통하는 부분이 있다. 보통 교육은 정보를 주고 그 정보를 쌓아서 순응하고 따르도록 하기 위해서 이루어진다. 하지만, 은행식 저축과 같이 지식을 쌓는 교육을 통해서 비판적인 사상가(critical thinker)를 기대할 수 없음을 지적하며, 저항으로서의 교육이 이루어질 때 순응하고 따르는 사람 외에 비판하고 건설하는 사람이 만들어질 수 있음을 주장한다.

전통을 고수하고 지키는 것과 함께 창조와 변혁이 있을 때 사회발전이 이루어지는 것처럼 교육은 순응하는 사람을 만들어 낼 뿐 아니라 비판적으로 생각하고 새로운 것을 창조해 나갈 수 있는 사람을 만들어내야한다. 그를 위해 교실에서 가르침은 교수자 혼자 하는 것이 아니라, 교실안에 모든 주체가 학습의 과정에 참여할 때 배움이 일어난다. 훅스는 가르침을 수행적인 행위(performative act)로 정의 내리면서, 교수자는 학습자들과의 적극적인 소통을 해야 하며, 나아가 학생들이 배움의 과정에 더적극적으로 참여할 수 있도록 이끌어내는 촉매제의 역할을 감당해야 한다고 주장한다.[2] 자기파괴로서의 배움과 거슬러 올라갈 수 있는 힘을 배양해주는 교육이 이루어지는 교실에서 교수자의 역할은 가르치는 것보다, 학습자들 간에 역동적인 교류가 일어날 수 있도록 촉매제 역할을 해야 한다는 것이다.

이 수업을 통해서 배움이 일어나기를 소망한다면, 가르치는 교수자의말에 귀를 기울여야 함과 동시에 학습자는 스스로 배움의 과정에 적극적으로 참여해야 하며, 다른 학습자들의 경험과 생각에 귀를 기울여야 한다. 이번 학기 자기 파괴로서의 배움이 일어날 수 있길 바라며, 그동안의문을 제기하지 않고 순응하던 많은 부분을 곰곰이 생각해 보자. 주변사람들로부터의 인정을 받기 원하는 우리의 태생적 욕구로 인해 스폰지가 물을 빨아들이는 것처럼, 문화 전반적으로 인정되고 칭찬받는 모습을내면화하면서, 진정으로 자신이 원하는 것은 무엇이며 자기다움을 생각해 보지 않은 학생들이 진정으로 자신은 누구이며, 원하는 것은 무엇인지를 생각해 보는 기회를 제공하고 싶다. '나다움'을 추구하며 꽃피우기위해서, 내가 나 되도록 하지 못 하게 했던, 그것이 무엇이었든지 간에, 그것들을 상실하는 기회가 될 수 있기를 바라본다.

---

2 bell hooks, Teaching to Transgress: Education as the Practice of Freedom (New York: Routledge, 1994), p.11.

차례

■ **성(Sex):** 생식기의 해부학과 성염색체(여성은XX, 남성은 XY)를 바탕으로 구분하는 생물학적인 성이다.

■ **젠더(Gender):** 각 사회에서 문화적으로 규정한 각 성의 역할과 위치이다.

■ **젠더 평등(Gender Equality):** 여자와 남자, 소녀와 소년 모두에게 동등한 권리, 책임, 기회를 주는 것을 뜻한다. 평등이란 여자와 남자가 똑같아지는 것을 의미하는 것이 아니라, 권리와 책임, 그리고 기회가 타고 태어난 성별에 의해 결정되지 않는 것을 말한다. 젠더 평등은 모두의 다양성을 인정하면서, 갖자의 관심과 필요 그리고 우선순위 등이 충분히 고려되는 것을 의미한다. 젠더 평등은 여성의 이슈가 아니며, 모두가 전적으로 관심을 갖고 참여해야 하는 문제다. 여자와 남자 사이의 평등은 인권으로서, 동시에 지속 가능한 인간 중심의 발전을 위한 전제 조건이며 그러한 발전이 이루어졌는지 측정할 수 있는 지표로서 이해되어야 한다.

■ **젠더 표현(Gender Expression):** 옷, 말투, 태도 등을 포함한 행동과 외모를 통해 자신의 젠더를 표현하는 방식이다. 한 개인의 젠더 표현은 그 사람이 타고 태어난 생물학적 성(sex), 젠더 정체성, 또는 성적 지향과 항상 일치하지는 않을 수 있다.

■ **성 정체성(Gender Identity):** 내면 깊숙이 스스로 느끼고 경험하는 자신만의 성으로, 개인의 성 정체성은 태어날 때 부여받은 생물학적 성(sex)와 일치하거나 일치하지 않을 수 있다. 태어날 때의 성과는 다른 성 정체성에 대한 내적 감정을 묘사하기 위한 포괄적인 용어들로 "trans, transgender, 그리고 non-binary"가 있다. '시스젠더(Cisgdenr)'는 태어난 성과 성 정체성이 일치하는 사람을 일컫는다. 성 정체성은 성적 지향이나 성적 특징들과는 다르다.

  * 1964년 UCLA 젠더 정체성 클리닉의 연구자이면서 UCLA 의과대학 정신과 교수였던 로버스 제씨 스톨러(Rober Jesse Stoller)에 의해서 고안됨.

---

3 소개되는 용어들은 다음의 자료를 바탕으로 작성되었음: 프란스 드 발, 『차이에 관한 생각』 (서울: 세종, 2022), 94., UN Women 성평등 용어 사전, UN Women Traning Center에서 제공하는 교육프로그램 중 I Know Gender 시리즈.

■ **성적 지향성(Sexaul Orientation):** 개인이 다른 사람에게 갖는 육체적 끌림이나 로맨틱한 감정적 끌림을 의미한다. 대부분의 사람들은 그들의 정체성의 일부로 성적 지향을 갖는다. 게이나 레즈비언은 자신과 같은 성별인 사람에게 끌림을 느낀다. 시스젠더는 그들과는 다른 성별의 사람에게 끌린다. 양성애자(bisexual)는 같은 성별이든 다른 성별이든 모두에게 끌림을 느낀다. 존 머니(John Money)에 의해서 고안된 용어이다.

■ **젠더 규범(Gender Norms):** 개인이 어떻게 행동해야 하며 존재해야 하는지에 대한 생각이다. 규범은 특정 사회나 공동체에서 특정 시점에 수용되는 자질이나 특성 등을 일컫는다. 각기 다른 젠더 그룹에 속한 개인들에게 기대되는 기준들로 특정 시대 특정한 사회, 문화, 공동체 내에서 받아들여진다. 생애 초기에 내면화된 젠더 규범은 젠더 사회화와 젠더 고정관념을 만들어 낼 수 있다.

■ **성 역할(Gender Roles):** 개인의 성별과 젠더를 기초로 각각의 다른 연령에 속한 사람들에게 사회적으로 부여하는 책임, 행동, 일, 태도 등을 일컫는다. 존 머니(John Money)에 의해서 고안된 용어이다.

■ **젠더 관계(Gender Relations):** 다른 성별과 젠더에 속한 사람들 간의 사회적 관계를 의미하는 바, 권력과 자원에 접근하고 통제하고 자원이 그들 사이에서 분배되는지 등을 포함한다. 문화적이고 사회적인 규범은 남자가 공적인 영역을 지배하고 사적 삶을 여자와 다른 성 정체성을 갖은 사람들에게 부여했다. 남자에게 더 유리한 이런 이해함은 위계적 관계와 구조를 만들어냈고 젠더 불평등을 초래했다. 젠더 관계는 사회적 구성물이기 때문에 더 공의롭도록 시간이 지나면서 변혁될 수 있다.

제1장

인식의 지평선 확장하기

인식의 지평선 확장하기

다양한 학생들 100여 명이 모이는 교양 수업! 학기의 첫 시간! 어떤 학생들이 이 수업을 수강하게 될까? 첫 시간은 학생들에게도 떨림이겠지만, 매 학기 나에게도 설렘을 준다. 첫 시간을 으레 빠지는 학생들도 있겠지만, 특별히 필수 과목이 아니라 선택 과목이라면 그 수업이 전공이든 교양이든, 수강을 신청한 모든 과목의 첫 시간은 꼭 참석하라고 권하고 싶다. 첫 시간이야말로 그 수업의 청사진을 볼 수 있는 시간이기 때문이다. 교양 수업에서의 선택 과정이라면 더더욱 내가 알고 싶은 분야인지, 내 흥미를 자극할 수 있는지 등을 직접 참여해서, 시작된 학기의 남은 14주를 투자할 가치가 있는지 결정하는 것은 중요하다. 교수가 보여주는 청사진이 썩 마음에 들지 않다면 수강신청을 변경할 수 있다. 자신을 자극하는 청사진이 제시되는 수업을 선택할 수 있길 바라고, 내가 소개하는 청사진이 당신의 흥미를 자극할 수 있길 바라며 시작해 보고자 한다.

이 수업의 궁극적인 목적은 젠더 평등이라는 가치 실현을 위해 여성과 남성 모두가 연대하는 것이 얼마나 중요한 일인지 깨닫고 실천을 위한 다짐을 끌어내는 것이다. 사실, '젠더'란 말은 갈등을 조장하고 의심의 눈초리를 갖게 하는 경우가  많다. 최근 육군 12사단 소속 훈련병의 사망이라는 어처구니없는 사건을 두고도 12사단 신병교육대 중대장의 성별이 여성이었다는 이유만으로 때아닌 젠더 논쟁이 이어지고 있다는 안타까운 소식을 접했다. 해병대 故 채 상병 사건에 대한 논의가 한참 진행이 되었지만, 임성근 사단장의 성별이 논란이 된 적은 한 번도 없었다. 그 사람의 행위의 잘잘못을 따져 그에 상응하는 처벌을 내려야 하는 시점에 젠더 논쟁이 불거진 것은 문제의 핵심을 벗어나도록 대중들의 심기를 건드리고 있는 것이란 걸 알아야 하겠다. 가혹한 얼차려를 명령해서 훈련병을 사망에 이르게 한 중대장과 이를 가능하게 했던 관련자 모두를 법에 따라 처벌하는 것이 문제의 핵심이란 것을 기억해야 한다. 젠더에 관한 이야기는 어느 쪽으로건 감정을 자극하여 논점에서 벗어나게 하는 경향이 있다.

2020년 봄학기 임용과 함께 '성과 사랑'이라는 교과목을 배정받고, 이 수업에 대해서 연구하던 중 여성가족부에서 모든 대학교에 양성평등 관련 교과목을 가르치는 것을 권장하고 있고, '성과 사랑' 수업은 우리 대학교에서 그러한 목적을 이루기 위한 교과목 중 하나라는 것을 인지했다. 그러한 목적을 이루기 위한 인식개선을 위해서 어떻게 교과목을 디자인해야 하는지 고민했다. 첫 학기 고민하던 중 2017년, 언젠가 학생 중 한 명이 소개해 주어 읽었던 『82년생 김지영』이란 책이 스쳐 지나갔고, 이 책을 읽고 독서보고서를 제출하는 것을 과제로 정하고 강의안에 넣었다.

이 책을 처음 소개받고 검색했을 때, 故 노회찬 대표께서 전 문재인 대통령에게 추천한 책이란 기사를 읽고, 주문해서 읽었다. 아주 평범한 김지영이라는 여자의 삶을 담고 있는 소설이기에 단숨에 읽을 수 있었다. 내 동생뻘 되는 82년생인 김지영의 경험은 나에게 너무나 익숙했고, 띠동갑이 훌쩍 넘는 96년 이후 출생한 학생들에게도 충분한 공감을 살 수 있는 개연성이 풍성한 이야기라 생각했다. 이 책을 '며느라기'라는 웹툰과 함께 읽으면서 그 학기 나도 인지하지 못했던 한국 사회에서의 여성 차별의 현주소를 알 수 있게 되었기 때문에, 난 이 책이 학생들에게도 동일한 의식 전환을 가져다 줄 수 있길 소망했다.

하지만 수업이 시작되고 몇 주 후, 사내 메신저로 교내의 한 직원이 나에게 메시지를 보내왔다. 메시지의 내용은 '에타'에 올라온 나에 대한 악성 글 때문이었다. 지금은 기억이 가물가물하지만, 기억에 남는 대목은 학생들 사이에서 나에 대해 '꼴페미'라는 수식어가 붙어 다닌다는 것이었다. 그 직원은 나에게 너무 강하게 수업하지 말고, 학생들을 다독이며 수업을 진행하면 좋겠다는 우려와 관심을 가진 메시지를 전해 주셨다. 그 글을 보는 순간 가슴이 털컹 내려앉았고, 나는 지난 수업 시간 내가 무슨 말을 했는지 자기 검열의 시간을 가졌다.

학기가 많이 진행되지 않았던 터라, 지난 수업을 돌아보는 데 크게 어려움은 없었다. 그리고 특별히 꼴페미라고 할 만한 워딩도 딱히 떠오르지 않았다. 하지만, 『82년생 김지영』이란 책을 읽고 모두가 독서보고서를 내야 한다고 했던 공지 사항은 떠올랐다. 그러면서 깨닫게 된 것은 학생들 사이에서 이 책이 위험한 책으로 알려져 있다는 사실이었다. 읽으면 머리에 뿔이라도 나는 그런 책쯤으로 학생들 사이에서는 말해지고 있다는 걸 알았다. 표지만으로 책을 판단하는 것은 참으로 어리석은 일이지만, 선입견으로 인한 학습의 기회를 빼앗은 것 역시 지혜롭지 않은 일이기에 그 학기 이후로 과제에서 빼기는 했지만, 여전히 학생들이 한 번쯤은 읽어 보길 바라는 책인 것은 분명하다. 그 다음 해 학기가 시작하면서 설문을 돌렸다. 다음은 21년 봄(99명)과 21년 가을(86명), 성과 사랑 수강생들을 대상으로 실시한 설문 결과다:

[질문 문항]
A. 페미니즘이란 용어를 들어본 적 있다.
B. 페미니즘에 대한 이미지는?
C. 페미니즘이란 용어에 대한 정확한 의미를 알고 있다.

2021년 봄학기(99명)

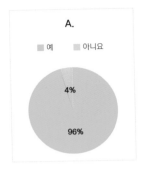

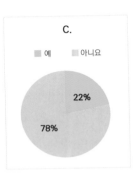

2021년 가을학기(86명)

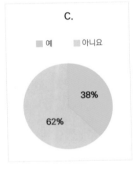

　2021년 봄과 가을학기 수강생들이 답한 설문을 통해, 학생들은 페미니즘이란 용어에 대해 정확한 정의를 알지는 못하지만, 다수가 부정적인 이미지를 가지고 있다는 걸 깨달았다. '페미니즘'이란 용어를 '남성혐오'와 동의어로 생각하는 사람들도 많으니, 페미니즘이란 용어에 대한 이런 부정적 견해가 놀라운 것은 아니다. 2024년 봄 학기에도 이 설문조사 결과를 소개했을 때, 학생들로부터 이의제기를 받지 않은 것을 비추어 여전히 학생들 대부분의 인식이 2021년도 수강생들과 크게 다르지 않다고 여겨진다. 사실, 2024년도 한국 사회에서의 페미니즘에 대한 공격과 부정적인 견해들은 1980년대 미국 사회에서 있었던 페미니즘에 대한 백래시(blacklash) 현상과 아주 많이 닮아있다. 미국의 여성학자 수잔 팔루디 (Susan Faludi)가 1991년 출판한 *Blaclash*의 한국어판이 나오면서 문화평론가 손희정은 해제에서 다음과 같이 이야기한다:

> 팔루디는 여성의 '진보'를 위험한 것으로 판단하면서 "여성이 크게 활보하고 있다"는 인식을 바탕으로 "여성의 독립성에 대한 적개심"이 불러일으키는 여러 증상들, 무엇보다 이 증상들이 급성으로 나타나는 현상에 '백래시'라는 이름을 붙이며, 가부장제하의 여성 억압이라는 현상과 백래시를 구분한다. 그렇게 보면 백래시는 "기반암처럼 단단하게 자리 잡은 여성 혐오만이 아니라 자신의 지위를 개선하려는 현대 여성들의 각별한 노력" 때문에 촉발되는 것이라 볼 수 있다. 페미니즘 운동과 그 성과가 백래시의 한 원인이라는 것이다. 그런 의미에서 백래시는 페미니즘의 무기력을 증명한다기보다는 페미니즘의 파워를 증명한다.[1]

손희정의 견해에 비추어 본다면, 요즘 젊은이들 사이에서 퍼진 페미니즘에 대한 부정적인 견해는 그동안 한국 사회에서 여성운동이 진보를 이루었다는 반증으로 받아들여야 한다. 오늘날 한국 사회에서 당연하다 여겨지는 많은 현실은 셀 수 없이 많은 사람들의 투쟁의 결과임을 기억해야 한다. "한국 여성운동의 어제와 오늘"이란 글에서 전남대학 사회학 교수셨던 장미경은 우리나라에서의 여성운동의 시작을 조선시대 말기라고 지적하면서 "당시 여성운동은 양반가의 여성이 중심이 되어 여성들을 속박하던 봉건적 관습과 법에서 벗어나고자 여성교육과 여성의 경제적 자립, 사회활동의 참여를 목표로 벌인 활동"[2]이라고 정의 한다.

최초의 여성 교육단체로 알려진 찬양회나 사상 최초로 축첩 반대 시

---

1 손희정, "역사가 된 기록, 그러나 여전히 새로운 페미니즘 선언," in 수잔 팔라디, 『백래시』 황성원 역, (파주: 아르테, 2018), 10-11.

2 장미경, "한국 여성운동의 어제와 오늘," in 『새 여성학: 국사회, 여성, 젠더』 한국여성연구소 엮, (파주: 동녘, 2016), 308.

위를 벌였던 여우회(女友會) 등의 활동을 시작으로 국채보상운동, 구국애국운동 등 우리나라에서의 여성운동은 민족해방운동의 성격을 가지고 확장되면서 1919년 3·1 운동을 이끈 주된 동력이 되기도 했다. 해방을 지나면서, 1970년대 정부가 추진한 새마을 여성정책으로 조직적 독자성을 잃고 1977년 새마을 부녀운동으로 재편되면서 전적인 여성운동의 성격이 퇴색되면서 주춤하기도 했지만, 1980년대 여성의 전화 창립(1983년), 또 하나의 문화 창립(1984년), 여성사연구회 설립(1987년), 한국여성노동자회 창립(1987년), 한국여성단체연합 창립(1987년) 등을 통해서 사회 전반에 성평등에 대한 인식을 확산시켰다.

1990년대 들어서 「성폭력특별법(1994)」, 「가정폭력방지법(1998)」, 「남녀차별금지법(1999)」[3] 등이 제정되어 성희롱이나 성폭력 등 이전에 관심을 받지 못했던 여성의 몸에 대한 권리와 섹슈얼리티 관련 분야에서의 연구가 활발히 일어났다. 한국 사회에서의 여성운동은 수많은 사람들의 노력과 희생을 통해서 꾸준히 성장해 왔다. 현재 '역차별'과 '여성 상위 시대'라는 볼멘소리가 들려올 만큼 한국사회에서 여성의 사회적 지위에 변화가 있었던 것은 부인할 수 없다. 하지만, 여전히 젠더 평등을 이루기 위해서는 가야 할 길이 멀다. 학생들이 학교를 졸업하고 나아가게 될 사회, 그리고 그들이 새롭게 만들게 될 가정에서의 평등, 또한 우리의 자녀들이 살아갈 세상에서 젠더 평등이 한 걸음 더 진보될 수 있길 바라본다.

그 원대한 목적을 위해 이 수업이 목표하는 바는 "인식의 지평선을 넓히는 것"이다. 철학 수업에서 언급될 만한 이 용어가 의미하는 바가 무엇일까? '인식의 지평선'은 영어로 'epistemological horizon'으로 한 인간이 인식할 수 있고 생각할 수 있는 한계를 의미한다. 좀 더 쉽게 설명해 보자. 지평선을 본 경험이 있는가? 지평선은 어디에서 볼 수 있을까? 높

---

3 1999년 제정된 「남녀차별금지법」은 2019년 여성부가 여성가족부로 바뀌면서 폐지되어 역
   사 속으로 사라졌다.

은 고층 건물들이 빽빽하게 들어선 도심 속에서는 지평선을 볼 수 없다. 얼마 전 춘천에서 대전으로 오는 고속도로에서 꽤 긴 일직선 도로를 달려 보았지만, 지평선을 보기엔 역부족이었다. 한국 도심 속에서 지평선을 보는 것은 쉽지 않을 것 같다는 생각이다. 캘리포니아에 있을 때, 긴 연휴나 가족들이 방문했을 때면 라스베이거스(Las Vegas)를 운전해서 갔던 기억이 있다. 내가 있던 클레어몬트(Claremont)라는 도시에서 라스베이거스는 차로 4시간가량 떨어져 있는데, 라스베거스를 가려면 광활한 사막을 지나야 했다. 그렇게 끝없이 넓은 광야를 지날 때면 '미국이 참 넓구나'라는 생각도 들었는데, 그때 운전하는 내 시야의 끝이 닿는 곳, 그곳이 바로 지평선이다.

땅의 끝과 하늘의 끝이 맞닿은 지점이라고 해야 할까? 바다의 끝과 하늘이 닿는 곳, 그곳이 바로 지평선이다. 하늘의 끝과 바다의 끝이 맞닿은 지평선이 무엇인지 장황하게 설명한 이유는 인간의 맨눈으로는 지평선

너머를 볼 수 없다는 사실을 상기시키기 위해서다. 인간은 지평선 넘어서를 볼 수 없다. 하지만, 볼 수 없다고 해서 지평선 넘어, 또 다른 세상이 존재하지 않는 것은 아니다. 이런 맥락에서 인식의 지평선을 생각해 볼 수 있길 바란다.

모든 사람은 인식의 지평선을 가지고 살아간다. 여기서 잠깐 내가 서 있는 곳이 어디인지 나누고 싶다. 내가 보는 것은 유일한 것이 아닐 수 있으며, 내가 서 있는 곳에서만 볼 수 있는 것들이다. 그런 의미에서, 나는 교수자로서 나의 '위치성(locationality)'을 알리는 것을 나의 윤리적인 책임 중 하나라고 여긴다. 1남 5녀 중 막내로 태어난 나는 제일 위로 오빠 한 명과 언니들이 있다. 우리 부모님이 딸을 다섯까지 낳으신 이유는 아들 하나를 더 낳기 위해서다. 그래서 내가 세상에 태어난 날, 나의 성별을 아신 어머니는 큰 실망으로 "내다 버려"라고 크게 소리를 치셨다고 한다. 독자이신 아버지를 둔 것이 못내 아쉬우셨는지, 친할머니도 아들을 하나 더 원하셨고 그 바람을 따라 아들 하나를 더 낳기를 간절히 바랐던 어머니의 꿈이 좌절됐으니 이해할 법도 하지만, 세상에 처음 나온 순간 나의 성별로 거절을 경험했다는 것은 참으로 슬픈 일이다. [하지만, 우리 나라에서 뱃속 아이의 성별을 감별하는 기술이 일반화 되기 전에 내가 태어났다는 건 불행 중 다행이라 생각한다.]

어머니는 교통사고로 내가 어릴적 세상을 떠나셨는데, 어머니가 살아계실 때 우리 집에서는 오빠와 아빠가 밥 먹는 상과 엄마와 딸들이 밥 먹는 상이 따로 있었다고 들었다. 물론 아빠와 오빠 상에 반찬이 더 맛있는 게 올라갔을 것으로 추측한다. 어머니가 떠나고 그런 가부장적 문화를 이어갈 수 있는 일손이 없었기에 그 전통은 이어지지 못했다. 외향적이고 밖에서 활동하기 좋아하며 목소리가 큰 나를 보면서, 아버지는 자주 "여자는 그러면 못 쓴다"라고 잔소리를 하셨고, 중·고등 학교 때 웃음소리가 유난히 컸던 나를 향해서 선생님들은 "그렇게 목소리가 커서 시집을 어떻게 갈려고 하니?" 등의 염려 섞인 하지만 성인지감수성이라곤 찾아볼 수 없는 차별적 발언을 거리낌 없이 공개적으로 하시곤 했다. 집에서든 학교에서든 전통적 여성스러움을 강요받았다. 목원대학교를 졸업하고, 유학을 떠나는 나에게 캠퍼스에서 마주친 한 교수님께서는 내 손을 꼭 잡으시고 미국에 가게 된 것을 축하하시며, "하나님은 당신이 feminist(페미니스트)가 아니라 female(여성)이 되길 원하십니다"라고 당부의 말씀을 해 주셨다. 난 그때까지 페미니즘에 대해서 학습할 기회를 얻지 못했다.[4]

2004년 미국에서 개신교 진보 교단 중 하나인 미국 연합감리교회 소속의 한 대학에서 석사 과정을 하면서 페미니즘을 자연스럽게 접했다. "페미니즘"이라고 이름 붙여진 교과목도 있기는 했지만, 수강하는 거의 모든 교과목에는 페미니즘적인 이해가 녹아 있었고, 페미니즘을 공부하면서 나의 경험을 해석할 수 있는 언어를 얻게 됐다. 또한, '역량 강화'라고 해석되는 'empowerment'라는 단어의 뜻이 무엇인지 몸소 체험하면서 말로 다 할 수 없는 희열을 느꼈다. 교수님의 당부가 있어 처음 "페미니즘", "페미니스트"라는 단어를 접했을 때에는 약간의 조심함이 있긴 했지만, 페미니즘을 공부해 갈수록 매력적인 학문이란 생각을 떨칠 수 없었다. 페미니즘에 감사했고, 감격하면서 모든 사람들에게 해방을 가져다줄 수 있는 귀한 렌즈라고 생각했다.

캘리포니아에서 박사 과정을 거치던 어느날, 섬기던 교회의 담임 목사님과 식사를 하는 가운데 목사님께서 나에게 "혹시 페미니스트는 아니시죠?"라는 질문을 하시는 것을 경험했다. 그 질문 앞에서 "페미니스트입니다. 목사님께서도 따님을 위해서 페미니스트가 되셔야 하지 않을까

---

4 우리나라에서 '여성학' 강좌는 1977년 이화여자대학교에 처음으로 개설되고, 1980년대에는 전국 30여 개 대학에 그리고 1990년대 전국 100여 개 개설된다. 내가 대학교를 다니던, 1990년대 목원대학에 여성학 강좌가 교양과목으로 개설되었는지는 정확하지 않지만, 학생들에게 인기 있었던 교과목은 아니었던 것이 분명하다. 그리고 내가 다니던 단과대학에서는 여성학 강의는 제공되지 않았다.

요?"라는 대답을 했다. 이 웃음 섞인 대화는 서로의 감정을 크게 상하게 하지는 않았지만, 집으로 돌아오는 중에 나에게 페미니스트가 아니라 여성(female)이 되라고 당부하셨던 교수님의 얼굴이 떠올랐다. 그러면서 내가 배우고 학습한 페미니즘이 많은 사람들에게 오해받고 있다는 사실에 눈을 뜨게 됐다. 미국에서 석사와 박사 과정을 마치고 2016년 귀국했고, 현재 내가 졸업한 모교에서 학생들을 가르치고 있다. 내가 서 있는 곳을 간략하게 소개한 이유는 한 학기 동안 내가 보고 이해하는 바를 나눌텐데, 내가 보는 것은 내가 서 있는 곳에서 볼 수 있는 것들이기 때문이다. 혹시 내가 현재 서 있는 위치가 달라졌다면 나는 다른 것들을 볼 수 있을지 모를 일이다.

한국인, 여성, 기독교 목사, 막내 등은 나의 인식론적인 지평선을 결정한 요소들 가운데 하나임이 틀림없다. 한국인으로 태어났기 때문에 한국 문화는 익숙하지만, 내가 경험해 보지 못한 문화를 알아차리지 못할 수 있다. 여자라는 성별을 갖고 태어난 것은 어떨까? 내가 평생을 여자로 살기 때문에 이해하지 못하는 남자의 문화가 있을까? 또한, 난 막내로 태어났다. 태어난 순서도 나의 인식에 영향을 미칠까? 물론이다. 대부분 외동인 요즘엔 다를 수 있지만, 장남이냐 차남이냐 장녀냐 차녀냐 또는 막내이냐는 어떤 사건을 인식하는 데 영향을 줄 수 있다. [자매나 형제가 없는 외동 역시 그 차제가 인식의 영향을 미칠 수 있다는 것을 부정하는 것이 아님을 오해하지 않기를 바란다.] 지역은 어떠한가? 논산이 고향이지만 초등학교 때부터 대전에서 자란 나의 지역적 한계는 내가 경험한 어떤 사건을 해석하는 데 영향을 줄 수 있을까? 내가 미국에서 석사와 박사 과정을 마치면서 보낸 12년의 세월은 어떠한가? 내가 미국에서 오랜 시간을 보낸 경험은 내가 어떤 사건을 해석하는 데 영향을 줄까? 어떤 종교를 가졌는지, 군대를 다녀왔는지, 무얼 경험하고 누굴 만났는지, 부모님의 성향, 교육의 정도, 출신 지역, 경제력, 또는 학교 폭력의 경험 여부, 조부모님의 영향력이 큰 집안이었는지 등. 이 밖에도 우리 인식의 지평선을 결정하는 요소는 무궁무진하다 할 수 있다.

다양한 요소로 형성된 인식의 지평선을 가진 채 이 수업을 수강하기로 결정한 학생들의 인식의 지평선을 조금이나마 넓히는 것이 이 수업의 목표다. 이 목표를 이루기 위해서 학생들은 적극적인 학습자로 이 수업에 임해주어야 한다. 적극적인 학습자가 되기 위해서 경청과 참여는 필수적인 요소다. 수강생이 100명인 이 수업에서 익명성을 원할 수 있겠지만, 이 수업은 토론과 발표 등 학생의 참여가 중요하게 여겨진다. 다양한 주제에 관해 솔직하고 진솔하게 자신의 경험을 나누는 것과 또 나와는 다른 학우의 경험과 생각을 존중하며 귀담아 듣는 것은 개인의 인식의 지평선을 확장하는데 반드시 필요하다.

외국을 나가야만 다른 것을 보고 듣고 경험할 수 있는 게 아니다. 국적이 같고, 연령대가 같은 다른 학우의 경험과 생각을 듣는 것은 내가 머물러 있던 작은 박스에서 나올 수 있도록 도울 수 있다. 교수자의 경험과 지식뿐 아니라 다른 학우들의 경험과 생각은 풍성한 교과서 만큼이나 가치있다. 더욱이 목원대학에는 한국 학생뿐 아니라 베트남이나 몽골 등에서 온 다른 나라 국적을 가진 학우들도 있으니 얼마나 귀한 기회인가! 인식의 지평선이 확장된다면 더 많은 것을 보고 듣게 되고 이해할 수 있게 된다. 무엇보다, 인식의 지평선이 확장됨을 통해 일어나길 희망하는 것은 학생들 한 사람 한 사람이 그동안 당연하게 여긴 일들에 대해서 의문을 제기할 수 있게 되는 것이다. 우리에게 익숙해서 편안하게 느껴지는 것이 항상 옳은 것은 아닐 수 있다. 누군가 노랗고 빨갛게 염색한 머리를 보면 당신은 어떤 생각을 하는가? 밝게 염색한 머리를 보고 얼굴을 찌푸리는 사람들은 검은색 머리가 옳다고 여겨서 그런 것은 아닐까?

어떤 머리 색깔이 옳을까?

대부분의 한국 사람들의 머리가 검다고 하여, 검은 머리가 옳다고 말할 수 있을까? 우리에게 익숙한 것은 편하지만, 항상 옳은 것은 아니다. 편하고 익숙한 것을 "옳다"고 여기는 인간의 뇌의 경향성을 넘어서, 익숙한 실천들에 의문을 제기해 보면 어떨까? 전통을 지키고 이어 나가는 행위의 중요성을 평가절하하고 싶지는 않지만, 변화와 혁신을 가져다주는 힘의 가치를 알기에 조심스럽지만 익숙한 것들에 의문을 제기할 수 있기를 제안하고 싶다. 무엇보다 먼저, 공기처럼 자연스러워 의문을 제기하지 않은 우리의 성별부터 시작해 보면 어떨까? 흔히 들었던 "여자는 ~ 해야 한다" "남자는 ~ 해야 한다"는 성역할 고정관념에서부터 시작해 보자.

1. 나의 인식의 지평선을 결정하는 요소는 무엇이 있을까?

2. 적극적인 참여를 위한 나의 다짐은?

제2장

Think Outside the Box

Think Outside the Box

요즘 한국 대학생들 사이에서 성격심리 검사 중 하나인 MBTI[1]가 굉장히 잘 알려져 있는 것처럼, 내가 대학생 때 인기 도서로 읽혔던 책 중 하나는 존 그레이(John Gray)의 『화성에서 온 남자 금성에서 온 여자(1992)』였다. 서로 다른 여성과 남성에 대한 이해를 돕기 위한 이 책은, 본래 화성과 금성을 고향으로 둔 여자와 남자가 지구에서 첫눈에 반해 사랑에 빠졌고, 이 둘이 결혼한 이후 기억상실증에 걸려 자신들이 다른 두 행성에서 온 엄청난 차이를 가진 존재라는 것을 잊은 채, 서로 싸우며 살아간다는 전제를 가지고 여자와 남자 사이의 차이를 설명하며 둘의 관계를 어떻게 개선해 나갈지를 다루고 있다.

이 책은 43개의 다른 언어로 번역될 만큼 90년대 선풍적 인기를 누렸고, 2013년 *USA TODAY*가 뽑은 최고 판매책 목록 20주년에서 -1993

---

[1] Myers-Briggs Type Indicator를 줄여서 부르는 말로, 미국인 Katharine Briggs와 그녀의 딸 Isabel Briggs Myers에 의해서 만들졌다. 심리학자 칼 융(Carl Jung)의 Psychological Types(1921)에 의해 영감을 받았으며, 1944년 *Briggs Myesrs Type Indicator Handbook*을 출판했고, 1956년 "Myers-Briggs Type Indicator"를 출판했다.

년 10월부터 1998년 12월 사이- 가장 많이 팔린 책 목록 중 선두를 차지했다.[2] 그레이의 이 책은 강력한 영향력을 미치면서 여자와 남자가 엄청난 차이가 있음에 대해서 사람들의 인식 안에 큰 흔적을 남겼다. 하지만 여자와 남자는 본질적으로 다른 존재라는 오해 또한 사람들 안에 자리를 잡게 하는 결과를 초래했다는 데 문제가 있다.

최근 이 책만큼이나 유해한 영향력을 발휘하고 있는 또 다른 책으로는 여자 아이와 남자 아이의 뇌구조가 달라 서로 배우는 방식이 다르다는 점을 주장하는 마이클 거리안(Michael Gurian)의 *Boys and Girls Learn Differently*(2010)을 들 수 있다. 미국 캔터기 대학(University of Kenturky)의 발달심리학자 크리스티아 스피어스 브라운(Christia Spears Brown)은 자신의 책 『핑크와 블루를 넘어서(2018)』[3]에서, 과학을 오용하고 잘못 해석한 대표적인 예로 거리안의 책을 소개하고 있다. 그레이의 책이나 거리안의 책둘 다 사람들이 흔히 갖고 있는 여자와 남자가 본질적으로 다른 심리적 특성이 있기 때문에 수행해야 하는 영역도 다르다는 신념을 강화하는 역할을 한다고 볼 수 있다.

여성과 남성은 정말 심리적 특성에 있어서 본질적으로 다를까? 다음의 형용사 중 여성과 남성의 심리적 특성이라 여겨지는 것을 아래 박스에 분류해 보도록 하자:

> 의존적, 독립적, 개관적, 주관적, 능동적, 수동적, 경쟁적, 비경쟁적, 모험심이 적은, 모험심이 많은, 자신감 있는, 자신감이 낮은, 야망이 있는, 거친, 야망이 없는, 섬세한, 온화한, 타인의 감정에 둔감한, 공감적인

↓

---

2 Jocelyn McClung, "John Gray looks back at 'Men Are From Mars'," *USA TODAY* 2013.10.30. (2024.01.05. 접속). https://www.usatoday.com/story/life/books/2013/10/30/men-are-from-mars-women-are-from-venus/3297375/

3 원제목은 *Parenting Beyond Pink and Blue*로 2014년 출판됐다.

여성다운 심리적 특성	남성다운 심리적 특성

전통적으로 여성에게 어울리는 심리적 특성을 나타내는 형용사와 남성의 심리적 특성을 나타내는 형용사로 분류하면 다음과 같이 분류된다:

여성다운 심리적 특성	남성다운 심리적 특성
의존적, 주관적, 수동적, 비경쟁적, 모험심이 적은, 자신감이 낮은, 야망이 없는, 섬세한, 온화한, 공감적인	독립적, 객관적, 능동적, 경쟁적인, 모험심이 많은, 자신감이 있는, 거친, 야망이 있는, 타인의 감정에 둔감한

문화적으로 여성은 의존적이고 수동적일 때 칭찬을 받지만, 남자는 능동적이고 독립적일 때 '남자답다'라고 인정받는다. 시대가 많이 변했음에도 불구하고 여자들이 데이트 신청을 먼저 하기를 꺼리는 이유는 오랜 세월 여성성과 수동성을 연결해서 이해했기 때문일 것이다. 남자의 경우 '적극적'이고 '주도적'이라는 해석할 수 있는 행동을 여자가 했을 때, 사람들은 '나댄다'라고 해석하기도 한다. 이런 이유로 굉장히 능동적이고 목소리가 유난히 컸던 나는 자라면서 "여자가 그러면 못쓴다"라는 타박을 주변의 많은 사람으로부터 받아 왔다.

나는 그런 타박을 받으며, '여자는 왜 그러면 안 되지?'라는 의문을 제기하기보다는 나의 외향적인 성격을 탓하며, 조금 더 조신하고 조용한 여자가 되기를 마음 깊이 다짐하곤 했다. 하지만, 나의 타고난 성격은 그리 조용하고 다소곳하지 못했기 때문에 나의 다짐은 얼마 가지 못했고, 좌절감을 맛보며 사춘기 시절을 지냈다. 여자도 모험심이 많고, 자신감이 넘치고, 야망이 있을 수 있는 것처럼, 섬세하고, 공감을 잘하고 경쟁심이 극히 없는 남자도 있을 수 있다. 내가 아는 남자 후배는 자라면서 남자라면 당연히 즐길 것이라 기대되는 농구나 축구를 하는 것보다 앉아서 그림을 그리거나 음악을 듣는 활동을 좋아했기 때문에, 사춘기 때 열등감을 느꼈다는 이야기를 들려준 적이 있다. 오랜 기간 영장류를 관찰하며 연구를 진행한 프란스 드 발(Frans de Waal)의 "우리가 일상생활에서 맞닥뜨리는 대다수 젠더 차이는 그 기원을 알기가 거의 불가능 하지만... 우리 모두에게 끊임없는 문화적 압력을 가한다"[4]는 진술처럼, 여자다움이나 남자다움이라는 젠더 규범은 문화 속에서 살아가야 하는 모든 사람들에게 끊임없이 압력을 가한다.

세계보건기구(이후 WHO)에서는 젠더(gender)를 "사회적으로 구성된 여자, 남자, 여자아이, 남자아이의 특성으로 이와 연관된 규범, 행동, 역할 그리고 서로의 관계 등을 포함한다"고 정의내리면서 젠더를 사회적 구성물이며 이는 사회마다 다르고 세월이 지나면서 변할 수 있다고 이야기한다.[5] 각 사회는 심리적 특성이나 직업의 형태에 이르기까지 사회·문화적으로 여성과 남성, 여자아이와 남자아이에게 적합하다 생각하는 이해함을 가지고 있다.

4　프란스 드 발, 『차이에 관한 생각』 이충호 옮김, (서울: 세종서적, 2022), 24.
5　World Health Organization, "Gender and Health," (온라인자료) https://www.who.int/health-topics/gender#tab=tab_1 (2024.05.06. 최종접속).

성염색체에 의해서 결정되는 생물학적인 성을 'sex'라 표기하는 것과 구분하기 위해서, 문화적으로 구성된 성을 나타낼 때 'gender'라는 용어를 사용한다. 영어에서 생물학적인 성을 의미할 때 사용하는 용어인 'sex'는 성관계를 지칭할 때 역시 사용하기 때문에 '젠더'라는 용어가 그 부족함을 채우기 위해서 사용되기 시작했다. 섹스가 '여성'이냐 '남성'이냐로 구분될 수 있다면, 젠더는 '여성다움'이나 '남성다움'으로 나눠질 수 있다. 그러니까, 갓 태어난 아이는 성별만 있지 젠더는 가지고 있지 않다고 말할 수 있다.

드 발은 최근 미국에서 '섹스'라는 단어를 사용해야 할 경우인데도 '젠더'란 용어를 사용하는 경우가 많다고 하면서, 동물원에서 "저 기린의 젠더가 뭔가요?"[6]라고 묻는 사람들의 질문을 예로 들어준다. '젠더'라는 용어가 남용되고 있음을 지적하면서 "만약 젠더라는 용어가 개체의 성 중 문화적 측면을 일컫는 것이라면, 그것은[젠더라는 용어는] 문화적 규범에 영향을 받는 개체에게만 사용해야 한다"[7]고 지적한다. 그러니 개구리나 강아지, 고양이 등을 일컬을 때에는 젠더가 아니라 섹스로 이야기해야 옳다는 지적이다.

우리나라의 경우는 조금 다른데, 김영미와 류연규는 젠더(gender)라는 용어의 복합적 특성과 의미를 언급하면서, 그동안 여러 연구나 문헌 등에서 'gender'를 '성' 또는 '성별'로 번역해서 사용해 왔다고 밝히면서 성평등(gender equality)과 성별영향평가(gender impact analysis)를 그 예로 소개한다. 미국에서 '젠더'라는 용어를 생물학적인 성을 가리키는 '섹스'와 구별하지 않아서 문제인데 반해, 한국에서는 '젠더'라는 용어를 '성'으로 번역하여 혼선을 빚고 있는 것이 문제라 할 수 있다. 그런 의미에서 '성인지 감수성'으로 해석되어 사용되고 있는 'gender sensitivity'라는 용어 역시 뜻을 명확하기 위해서 '젠더 감수성'이란 용어를 사용하는 것이 더 바

---

6 드 발, 『차이에 관한 생각』, 73.
7 앞의 책.

람직하지 않을까 생각한다. 그렇기 때문에 이 책에서는, '성역할(gender roles)'처럼 젠더 역할로 바꾸게 되면 어색한 용어들을 제외하고, 되도록 '젠더'라는 용어를 그대로 사용하려고 노력했다. [젠더 평등, 양성평등 그리고 성평등은 교차적으로 사용했음을 밝힌다.]

　　WHO는 여성과 남성에게 최상의 웰빙을 보장하기 위해서, 많은 사회에서 여성과 남성의 생물학적(biological)인 'sex'와 사회적(social)인 'gender'에 서로 다른 가치들을 부여하고 있음을 알아야 한다고 지적하고 있다.[8] WHO가 진행한 과체중과 비만 예방을 위한 또 다른 연구에서 역시 "생물학적인 요소들(sex hormones)과 사회적 요소들(gender norms)"이 건강이나 건강과 관련된 행동에서 상호작용하는 방식을 이해하는 것이 중요하다고 주장하기도 한다.[9] 여자와 남자를 가르는 성염색체인 X와 Y 염색체가 sex를 결정짓지만, 그 외에 사회·문화적으로 여성과 남성에 대한 다양한 이해함이 만들어져 있다.

　　이런 이해함은 아이가 태어나서 한 사회에서 자라면서 사회화 과정을 거치는 동안 자연스럽게 내면화되고, 중요한 가치로 자리 잡아 한 개인의 행동을 명령하는 체계로 작동하기도 한다. 그래서 나는 사회·문화적으로 만들어진 '여성다움'과 '남성다움'을 한 개인을 가두는 박스와 같은 기능을 한다고 생각하여 '젠더 박스'라고 부르고 싶다. 인식의 지평선을 넘어서 볼 수 없듯이, 사회·문화적으로 만들어진 젠더 박스는 개인이 갖고 있는 특성을 억압하고, 한 개인의 잠재성을 충분히 발휘할 수 없도록 하는 기제로 작용할 수 있다. 공기만큼이나 자연스럽게 자리 잡고 있어서 억압인지도 모른 채 내면화하고 살아가는 젠더 고정관념에 대해서 학생들의 경험을 들어보는 건 도움이 될 것으로 생각한다:

8　World Health Organization, *Strategy for Integrating Gender Analysis and Actions into the Work of WHO* (Geneva: Department of Gender, Women and Health, 2008), 8.

9　World Health Organization, *Evidence for Gender Responsive Actions to Prevent and Manage Overweight and Obesity: Young People's Health as a Whole-of-Society Response* (Copenhagne, Denmark: WHO Regional Office for Europe, 2011), 6.

학생 A

생각해 보면 초등학교 시절부터 뭐를 하든지 남학생이 먼저였다. 번호 급식 순서 등. 초등학교 시절에 이런 상황에 불만을 가졌던 사람이 있었다. 밥먹을 때 항상 남자 학생이 먼저 먹는 것에 대한 불만이 접수되어 일주일에 한 번씩 순서를 바꿔 밥을 먹었다.

학생 B

남자는 파란색을 좋아하고 여자는 분홍색을 좋아한다는 고정관념이 있다. 하지만 나는 파란색을 좋아하지 않았다. 어린 시절 난 분홍색도 좋아하고 다른 색도 좋아했다. 내가 초등학교 때 이야기이다. 소풍날, 나는 분홍색 셔츠를 입었다. 하지만 그날 이후로 나는 분홍색 셔츠를 입지 않았다. 왜일까? 그렇다. 여자아이들이 내가 분홍색 셔츠를 입은 것을 보고 놀렸기 때문이다. '남자가 왜 분홍색 옷을 입고 있어' 등 다양한 말을 들었다. 나는 단지 그 셔츠를 좋아한 것뿐인데…. 그런데 나 역시 고정관념이 있었다. 초등학교 시절 숏커트머리를 한 여자아이를 보고 '여자가 왜 머리가 짧냐?'라며 놀렸던 기억이 있다. 그 여자아이는 다른 여자아이들과 다르게 축구를 좋아하고 운동을 좋아했다. 나는 처음에 그 여자아이를 별로 좋아하지 않았던 기억이다. 하지만 같이 축구하고 운동하면서 친해질 수 있었다.

🎤 학생 C

나는 모태신앙으로 어렸을 때부터 교회를 다녔다. 교회에는 피아노, 드럼, 베이스 등과 같은 많은 악기가 있다. 나는 교회에서 성가대와 찬양 반주를 하는 악기들은 각각의 성별이 정해져 있는 줄 알았다. 피아노는 여자, 드럼과 베이스는 남자 이런 식으로 말이다. 그래서 나는 어머니께 "드럼을 배우고 싶다"고 말씀드렸다. 어머니는 드럼을 배우기 전에 피아노를 먼저 배우라고 말씀하셔서 내가 "피아노는 여자들이 하는 거잖아"라고 말했던 기억이 난다. 그런 나를 향해 어머니께서 "피아노를 치는 남자가 얼마나 많은데, 그리고 피아노 치는 남자가 정말 멋있어"라고 말씀해 주셨다. 실제로 피아노를 치는 남자는 많았고 반대로 드럼과 베이스를 연주하는 여자들도 많았다. 그때 나의 젠더 고정관념에 대한 지평선이 조금은 넓어진 것 같다.

학생 D 🎤

중학교 때 일이다. 하루는 친구들이 내가 아빠한테 보낸 문자를 보게 되었다. 그러자 친구들은 놀라면서 하는 말이 "와~ 아들인데 아빠한테 문자를 이렇게 보내? 하트까지 붙여가면서?"였다. 나는 부모님께 애교가 많은 성격이기 때문에 문자를 보낼 때뿐 아니라 전화를 하거나 얼굴을 마주 보고 대화를 할 때도 애교뿐 아니라 사랑한다고도 자주 말하는 편이었다. 그러나 그 당시 친구들은 그런 것이 여자들이 하는 것이고 남자들이 하기에는 남사스럽다고 생각했던 모양이다.

우리가 자라면서 경험한 젠더 고정관념에 대한 학우들의 경험을 나누자면, 그 예들은 무궁무진하다. [당신의 경험도 들을 수 있기를 기대한다.] 우리가 태어나기 전부터 전해 내려오던 젠더 고정관념은 의문을 제기하지 않은 수많은 사람들이 내면화했고 또 다음 세대에게 전수하면서 면면히 명맥을 유지해 오고 있다. "TV 애니메이션 '뽀롱뽀롱 뽀로로'에 등장하는 캐릭터의 성차 분석"이라는 흥미로운 연구는 어린이들에게 많은 인기를 얻고 있는 애니메이션에 등장하는 캐릭터를 분석하면서 아이들에게 젠더 고정관념이 내면화되는 경우를 지적한다. 자라는 동안 상당 기간 아이들은 이 애니메이션에 노출되면서 자연스럽게 여자와 남자가 해야 하는 성역할에 대해서 학습하게 된다. 전 세계 어린이들로부터 사랑을 받으며 '어린이 대통령'이라고 불리는 상어가족의 캐릭터 역시 젠더 감수성이 반영되어 수정되고 있는 것은 이와 같은 이유에서라고 생각된다.

더핑크퐁컴퍼니는 "아기상어 뚜루뚜르"로 시작하는 '상어가족' 노래 속에 등장하는 캐릭터 중 속눈썹과 빨간 립스틱으로 표현됐던 엄마 상어의 모습을 수정했다고 밝힌다.[10] 애니메이션이 성역할 학습에서 중요한 역할 모델을 제공한다는 문제의식을 갖고 애니메이션에 등장하는 캐릭터들을 묘사하는 방식에서의 차이와 특징, 형태나 색체 나아가 언어적인 측면까지 분석하고 있다. 위 연구는, "역할 분석에서는 남성 성비가 우위, 남성 중심 에피소드 주도, 실외 활동 중심의 남성과 실내 활동 중심의 여성 역할이 나타났고, 남성은 반사회적 행동과 연루되고 대체로 독립적이며 여성은 친사회적 행동을 주로 하는 의존적인 역할로 그려지고 있었다"[11]는 결과를 보고한다. 여자인 캐릭터는 분홍색으로 남자인 캐릭터는 파랑색과 말투와 행동 방식들을 전형적으로 그려내면서 어릴 적부터 문화적으로 합의된 젠더 고정관념은 가랑비처럼 내려 많은 사람을 흠뻑 적시는데, 흠뻑 젖어 있다는 사실을 알아차리지 못할 정도의 강력한

---

10 오경민, "전 세계 유튜브 조회수 1위 '아기상어' 만든 더핑크퐁컴퍼니 '성역할·인종표현 세심하게 고려해야죠'," 경향신문 2022.12.21. (2024.07.26. 최종접속).
    https://www.khan.co.kr/culture/culture-general/article/202212211746001
11 김연희·김명희, "TV 애니메이션 '뽀롱뽀롱 뽀로로'에 등장하는 캐릭터의 성차 분석," 「열린유아교육연구」17 (2012), 611.

힘이라 할 수 있다.

그도 그럴 것이 아주 오랫동안 여자는 남자보다 열등한 존재라고 이해했던 많은 학자가 이를 이론화하면서 여성에 대한 지배를 당연시해 왔기 때문이다. 진 에드워즈(Gene Edwards)는 "문제의 발단은 철학자들"이라는 챕터에서 고대 그리스의 여성관이 여성에 대한 고정관념을 형성하는 데 크게 기여했음을 지적하는데, 그에 따르면 "서구 정신의 아버지라 할 만한 아테네의 세 남성은 놀라울 정도로 여성을 비하하는 시각을 갖고 있었다."[12] 이 세 남성은 바로 소크라테스와 그의 제자 플라톤 그리고 플라톤의 제자인 아리스토텔레스를 말한다. 이 세 남성이 여성에 대한 의견을 단편적으로 보여주는 말을 에드워즈는 다음과 같이 소개한다[13]:

소크라테스

"어쨌든 결혼하라. 좋은 아내를 얻으면 행복할 것이요, 악처를 얻으면 철학자가 될 것이다."

플라톤

"여자는 쉽게 화를 내고 감정적이기 때문에 이성적이고 합리적인 판단을 내릴 수 없으며 … 게다가 화가 난 상태에서는 자기가 진정으로 원하는 것이 무엇인지 하나도 알지 못하기 때문에, 여자를 위해 결정을 내리는 것은 남자가 할 일이다."

아리스토텔레스

"남자의 용기는 명령하는 능력에서 나타나고, 여자의 용기는 순종하는 데서 드러난다."

---

12 진 에드워즈, 『하나님의 딸들』임정은 옮김, (서울: 죠이북스, 2009), 46.
13 진 에드워즈, 『하나님의 딸들』임정은 옮김, (서울: 죠이북스, 2009), 20~21.

고대 그리스 철학자들의 이러한 견해는 기독교 신학자들에게까지 깊은 영향을 미쳤으며 역사를 통해서 면면히 내려와 인공지능 시대를 살아가는 우리에게도 영향력을 미치고 있다. 영국 도덕철학자 메리 미즐리 (Mary Midgley)는 "프로이트와 니체, 루소, 쇼펜하우어가 서로 간에, 그리고 아리스토텔레스와 성 바오로와 성 토마스 아퀴나스와 화기애애하게 동의할 수 있는 문제는 많지 않지만 여성에 관한 견해만큼은 놀랍도록 서로 가깝다"[14]고 지적하면서 여성혐오 사상이 얼마나 깊은 뿌리를 가졌는지 말해준다. 단편적이긴 하나 이 짧은 구절을 통해 여성의 열등함을 이론화했던 남성 학자들이 오랜 세월을 거쳐 얼마나 많았는지 알 수 있게 해 준다.

정신분석 분야를 개척한 프로이트 역시 여자의 발달이 남자와 다른 것을 관찰하면서 "여자는 남자와 비교해 정의감이 부족하고, 삶의 큰 위기에 덜 준비 되어 있으며, 판단할 때 애정이나 적대감에 더 자주 영향을 받는다"[15]라고 하면서 여성이 남성보다 열등함을 이론화했다. 진화론으로 세상을 떠들썩하게 했던 찰스 다윈(Charles Darwin)은 미국의 여성 권리 지지자였던 캐롤라인 케너드(C a r o l i n e Kennard)가 '지적으로 여성이 남성에게 열등하다'는 견해에 동의하냐고 묻는 편지에 답하는 1882년 편

---

14 Mary Midgley and Judith Hughes, *Women's Choices: Philosophical Problems Facing Feminism* (London: Palgrave Macmillan, 1984), 45. Gregory S. McElwain, *Mary Midgley: An Introduction* (London: Bloomsbury Academic, 2019), 109에서 재인용.

15 Sigmund Freud, "Some Psychical Consequences of the Anatomical Distinction between the Sexes," in *The Standard Edition of the Complete Psychological Works of Sigmund Freud* (Vol. 19) Translated by James Strachey (London: Hogath Press, 1961 (Originally published, 1925), Carol Gilligan, "Woman's Place in Man's Life Cycle," *Harvard Educational Review* 49 (1979), 433에서 재인용.

지글에서 여성에 대한 자신의 견해를 밝힌바, "유전의 법칙으로 볼 때, 여성은 남성과 지적으로 동등한 존재가 되는 데 큰 어려움이 있는 것처럼 보인다"[16]라고 쓰고 있다. 프로이트나 다윈의 이러한 믿음은 낡고 구시대적인 것일까?

2005년 1월 18일, 영국의 일간지인 *The Guardian*(가디언)에서 미국 하버드 대학 총장인 로렌스 서머스(Lawrence Summers)는 국립 경제 연구원이 주최한 한 컨퍼런스에서 과학과 기술 분야에서 여성 인력이 부족한 이유를 설명하던 중 "고등학교에서 남학생이 과학과 수학에서 더 우수한 성적을 거두는 이유는 유전적 이유 때문이다"라고 언급했다. 서머스 총장은 자기 딸에게 장난감 트

| 그림 1 로렌스 서머스 총장

럭 두 대를 주었더니, 딸이 '엄마트럭' '아빠트럭'이라고 이름 붙이고 그 트럭이 마치 인형인 것처럼 가지고 놀더라는 예를 들면서, 유전적으로 여자가 남자보다 열등하다는 다윈의 견해를 과학적인 것으로 받아들여 주장함으로써 자리에 앉아있던 수많은 사람들에게 상처를 주었다고 한다.[17] 고대 그리스 철학자들부터 시작된 가부장적 젠더 고정관념이 2024년을 사는 20대인 당신에게 어떻게 받아들여지는지 스스로에게 솔직하게 질문하고 답해보길 바란다.

정말 여자는 읽기와 쓰기를, 남자는 수학과 과학을 더 잘하는 건 유전적으로 타고난 차이 때문일까? 수학 능력에서의 성별 차이는 선천적인

---

16 Charles Darwin to C.A. Kennard, 9 January, 1882, Darwin Correspondence Project, https://www.darwinproject.ac.uk/letter/DCP-LETT-13607.xml (2024.03.21. 접속).

17 Suzanne Goldenberg, "Why Women Are Poor at Science, by Harvard President," *The Guardian* Tue 18 Jan, 2005, (2024.03.21. 접속). https://www.theguardian.com/science/2005/jan/18/educationsgendergap.gender issues

여자와 남자의 차이를 설명하는 데 자주 언급되는 예다 보니, 브라운 역시 자신의 책에서 이 부분에 대해서 언급하고 있다. 브라운은 "모두가 어느 정도는 수학 능력에 젠더 차이가 있다고 믿는 것 같다. 대다수의 부모가 그렇다… 심지어 아이들 스스로도 이 젠더 차이를 믿는다"[18]고 적고 있다. '여자는 수학을 못한다'는 고정관념이 과학적으로 밝혀진 바가 없지만, 많은 사람들이 이것이 사실이라고 믿기 때문에 사람들의 가능성을 억누르는 기제로 작용할 수도 있다. 이것이 사실인지를 과학적으로 확인하기 위해 연구하는 학자들이 있다는 건 참 고마운 일이다.

젠더 차이를 연구하는 분야의 권위자인 위스콘신 대학 심리학 교수인 재닛 하이드(Janet S. Hyde) 교수는 그녀의 동료들과 기존에 실시된 젠더 차이에 관한 연구들을 분석-메타분석-하였다. 이들이 2008년 *Science*(사이언스)지에 출판한 연구는 주목할 만하다. 그들은 1990년대 자신들의 연구에서 "전체 인구에서 성별 간 수학 능력 차이는 미비하지만, 고등학교 이상의 복잡한 문제 풀이에서 남자들이 여자들을 앞지르는 것으로 확인했다. 이러한 이유로 과학, 기술, 공학, 또는 수학 분야에서 여성들이 일자리를 얻는 수가 적은 것 같다"라는 결과를 내놓았지만, 이런 결과는 그 당시 자신들이 1970년대와 1980년대의 데이터를 분석했기 때문이란 것을 추후 깨달았다고 밝힌다.[19]

다시 말해, 1970~80년대 여자 학생들이 고등학교에서 난이도가 높은 수학이나 과학 수업을 제공받지 못했다는 사실을 깨달았고, 자신들의 1990년대 연구 결과는 1970~80년대 급격한 문화의 변화로 여자 학생들이 남자 학생들과 동일한 교과목을 배울 수 있게 되면서 변화했다고 밝힌다. 그러면서 2005년에서 2007년까지 실시된 전미 수학 표준 시험을 분석한 결과 수학 능력에서 젠더 차이가 전혀 없었다고 밝힌다. 하이

---

18 크리스티아 스피어스 브라운, 『핑크와 블루를 넘어서』 안진희 옮김, (파주: 창비, 2018), 121-122.
19 Janet S. Hyde et al., "Gender Similarities Characterize Math Performance," *Sicence* 321 (2008), 494.

드 팀의 이러한 발견은 대한민국 교육부에서 배포한 보도자료를 통해서 한국 학생들에게도 역시 적용되고 있음을 알 수 있다.

표 1 PISA 영역별 평균 점수의 성별 차이 추이(한국, OECD)[20]

연구 주기 영역		PISA 2000		PISA 2003		PISA 2006		PISA 2009		PISA 2012		PISA 2015		PISA 2018		PISA 2022	
		대한 민국	OECD	대한 민국	OECD	대한 민국	OECD	대한 민국	OECD	대한 민국	OECD	대한 민국	OECD	대한 민국	OECD	대한 민국	OECD
수학	남	559	506	552	506	552	503	548	501	562	499	521	494	528	492	530	477
	여	532	495	528	494	543	492	544	490	544	489	528	486	524	487	525	468
	차이 (남-여)	27	11	23	11	9	11	3	12	18	11	-7	8	4	5	5	9
읽기	남	519	485	525	477	539	473	523	474	525	478	498	479	503	472	499	464
	여	533	517	547	511	574	511	558	515	548	515	539	506	526	502	533	488
	차이 (남-여)	-14	-32	-21	-34	-35	-38	-35	-39	-23	-38	-41	-27	-24	-30	-34	-24
과학	남	561	501	546	503	521	501	537	501	539	502	511	495	521	488	526	485
	여	541	501	527	497	523	499	539	501	536	500	521	491	517	490	530	485
	차이 (남-여)	19	0	18	6	-2	2	-2	0	3	1	-10	4	4	-2	-3	0

위의 표는 교육부가 배포한 보도자료의 일부로 2022년도 국제 학업 성취도 평가(PISA) 결과를 우리나라 학생의 평균과 OECD 평균을 비교하고 있다. 2000년대 초 여학생이 읽기에서, 남학생은 수학과 과학에서 조금 더 우수한 성적을 거두는 것으로 보이지만 이러한 경향성에 변화가 일어나고 있음을 볼 수 있다. 과학의 경우 2006년, 수학의 경우는 2015년에 여학생이 더 우수한 성적을 나타냈고 이러한 변화는 향후 이어질 것으로 기대하는 것은 큰 무리가 아닐 것이다. 서머스 총장 역시 자신의 발언이 엄청난 파장을 일으켰다는 것을 깨닫고, 3일 후인 2005년 1월 20일 "내가 틀렸다(I was wrong)"라는 제목의 사과문에서 "뜻하지 않게 재능 있는 소녀들과 여성들에게 실망을 안긴 내 발언 방식은 잘못됐다."[21]

---

20 대한민국 교육부, 「보도자료: 경제협력개발기구(OECD), 국제 학업성취도 평가(PISA) 2022결과 발표」, (2023.12.05.), 7.

21 Daniel J. Hemel and Zachary M. Seward, "Summers: 'I Was Wrong,' *The Harvard*

라고 밝힌다.

　서머스 총장의 사과나 교육부의 보도자료의 보고는 프랑스 드 발의 진술에 비추어 볼 때 그 진실성과 잠재성에 대해서 확신하게 된다. 드 발은 『차이에 관한 생각(2022)』이란 책에서 여성과 남성이 수학이나 과학에서 보인 차이는 교육의 불공평으로 설명될 수 있는 것이라고 이야기하였다. 결국, "양성 모두 총명한 개체도 있고 우둔한 개체도 있지만, 나를 비롯해 연구자들이 행한 수백 건의 연구에서는 양성 사이에 유의미한 인지 간극이 전혀 발견되지 않았다"고 밝히면서 "현대 과학은 한쪽 젠더가 다른 쪽보다 정신적으로 우월하다는 개념을 전혀 지지하지 않는다"고 일침을 가한다.[22] 뿌리를 알 수 없는 성별에 대한 고정관념에 대해서 의문을 제기하고 과학적인 관찰을 한 결과를 보고한 것은 드 발뿐이 아니며, 다양한 분야에서 이와 같은 연구들이 발표되고 있다.

　브라운은 『핑크와 블루를 넘어서』를 통해서 아이가 태어나기 전부터 아이의 성별을 바탕으로 많은 것을 결정하고 실천하는 부모들의 양육 태

| 그림 2[23]

도와 그 양육 태도가 아이들에게 미칠 영향에 대해서 생각하도록 도전한다. 자신의 딸 아이를 양육했던 경험을 바탕으로, 배 속의 아이가 여자아이라면 분홍색으로, 남자아이면 파란색으로 벽지부터 손수건, 젖병이나 담요까지 준비해 놓는 등의 행동으로 젠더 고정관념이 실천되며 이러한 실천은 아이가 학교에 진학하면서부터

　　Crimson (January 20, 2005), (2024.03.21. 최종접속).
　　https://www.thecrimson.com/article/2005/1/20/summers-i-was-wrong-facing-mounting/
22　드 발, 『차이에 관한 생각』, 19-20.
23　Bob Hambly, "Pink+Blue," Colour Studies Bob Hambly (온라인자료),
　　https://www.colourstudies.com/blog/2017/5/16/pink-vs-blue (2024.05.07. 최종접속).

더 심화된다는 것을 진술한다. 사실, 핑크를 여자아이의 색깔로 정하고 파란색을 남자아이의 색으로 정한 것은 1940년대 이전 미국에서는 찾아볼 수 없는 풍습이었다.

1918년 미국의 신생아 물건을 판매하는 부서에서 다음과 같은 홍보를 했다고 한다: "남자아이에게는 분홍색, 여자아이에게는 파란색이 일반적으로 받아들여진다. 더 단호하고 강렬한 색인 분홍색이 남자아이에게 더 잘 어울리고, 섬세하고 고상한 파란색은 여자아이에게 더 잘 어울리기 때문이다."[24] 색에 대한 선호도는 전적으로 문화적인 산물로 봐야 하며, 시대에 따라서 변화될 수 있는 것이다. 『핑크와 블루를 넘어서』라는 책의 소제목(젠더 고정관념 없이 아이 키우기)에서 이야기해 주듯, 젠더 고정관념으로 가득 찬 세상에서 어떻게 아이를 젠더 고정관념 없이 아이를 양육시킬 수 있을지에 대한 고민을 적고 있다. [미래 아이를 양육하게 될 모든 학생들과 학생들을 가르치게 될 사범대학 아이들이라면 이 책을 한 번쯤은 읽어볼 수 있기를 바란다.]

양육자가 '여자는 남자보다 선천적으로 수학을 잘하지 못한다'라는 젠더 고정관념을 가지고 있는 경우를 생각해 보자. 초등학교 딸아이가 낮은 수학 성적으로 고민할 때 어떤 태도를 보일까? 양육자가 여자라면, "나도 수학은 잘하지 못했어"라고 달래주며 수학을 잘할 수 있도록 도우려고 시도하지 않는 부모와 수학적 개념을 이해하고 기초를 더 다질 수 있도록 다양한 방법의 도움을 주는 부모가 있다고 생각해 볼 경우, 이 여자 아이가 중·고등학교에서 수학이란 교과목을 어떤 태도로 대하게 될지 상상해 보길 바란다.

여자와 남자는 엄연히 다르다. [생물학적인 특성에 대해서 다음 장에

---

24 Jeanne Maglaty, "When Did Girls Starts Wearing Pink?: Every Generation Brings a New Definition of Masculinity and Femininity that Manifestes Itself in Children's Dress," *Smithsonian Magazine* April 7, 2011, (온라인자료) (2024.05.07. 최종접속). https://www.smithsonianmag.com/arts-culture/when-did-girls-start-wearing-pink-1370097/

서 이야기해 보자] 내가 말하고 싶은 것은 여자와 남자가 다른 점이 전혀 없다는 것을 이야기하려는 것이 아님을 오해하지 않길 바란다. 여자와 남자가 다른 부분이 있지만, 오랜 세월 이 차이가 지나치게 과장되어 왔기 때문에 사회에 만연해 있는 젠더에 대한 고정관념을 많은 사람들이 내면화하고 살아가면서 동료 인간들을 있는 그대로 경험하지 못할 뿐 아니라, 진정한 자기를 꽃피울 수 있는 기회를 박탈당하고 있다는 것이다. 고든 알포트(Allport)의 고전적인 책 『편견』에서 편견을 "충분한 근거 없이 다른 사람을 나쁘게 생각하는 것"[25]이라고 정의 내리면서 편견에 빠진 사람은 십중팔구 자기 견해에 충분한 근거가 있다고 주장이지만, 대부분의 경우 불충분하고 왜곡된 선택적 경험과 기억을 과잉일반화한 것이라고 이야기한다.

이 세상의 모든 여자를 만나서 경험했거나 모든 남자를 만나본 사람은 없다. 여성과 남성에 대해 현재 당신이 갖고 있는 견해는 충분한 근거가 없이 부정적이지는 않은지 생각해 볼 수 있길 바란다. 다른 성별에 대한 터무니없는 혐오적인 견해는 인간을 있는 그대로 경험하지 못하게 하고, 나아가 자신의 존재 방식도 제한한다. 젠더라는 박스는 개인의 존재 방식을 억눌러 개인이 가진 특성을 꽃피울 수 있는 기회를 박탈하고 방해하는 걸림돌로 작용한다. "지나치게 부풀려진 젠더 고정관념의 댓가를 생각해 봐야 할 때"[26]라고 제안했던 재닛 하이드(Janet S. Hyde)교수의 지적과 같이 유연하지 않은 젠더 고정관념은 성장하는 아이들에게 유해한 영향을 미칠 뿐 아니라 성인의 직장과 가정생활까지 짙은 그림자를 드리운다.

학교를 떠나 직장생활에서 나아가 가정을 꾸리고 살아갈 때, 여자와

---

[25] 고든 알포트, 『편견: 사회심리학으로 본 편견의 뿌리』 석기용 옮김, (서울: 교양인, 2020), 40. 원작 *The Nature of Prejudice* 는 1954년 출판됨.

[26] Janet S. Hyde, "The Gender Similarities Hypothesis," *American Psychologist* 60 (2005), 590. 재닛 하이드는 미국 심리학회(American Psychological Association)에서 여러 번 상을 받았고 심리학 개론서(*Social Cognition* (1984))에 대표 심리학자 100인 중 한 사람으로 소개되기도 했다.

남자가 해야 하는 일이 따로 있고 심리적인 특성이 본질적으로 다르다는 고정관념을 가지고 있다면 어떤 삶을 살아가게 될지 생각해 보라. 젠더 고정관념이 없는 신입사원과 젠더 고정관념을 가진 상사가 겪게 될 갈등과 대립은 어떤 형태로 나타나게 될까? 나아가서 젠더 고정관념은 특정 개인이나 집단에 대한 차별을 정당화하기까지 할 수 있다.

　조용한 남자 아이가 자신의 섬세함을 감사하고, 목소리가 크고 활발한 여자 아이가 자신의 특성으로 좌절하고 실망하는 대신 그 활발함을 더 개발해서 리더십을 꽃피울 수 있게 되길 바란다. 여성에게 강요되어 온 연약함과 남성에게 강요되어 온 강함이란 젠더 박스는 현대를 살아가는 우리를 억압하죄는 창살 없는 감옥일 수 있음을 알아차릴 수 있길 바란다. 제2의물결 페미니즘에 이론적 근간을 제시했다고 평가받는 케이트 밀렛(Kate Millett)은 이런 양성 간의 고정관념을 통해 "가장 교묘한 형태의 '내면의 식민화'"[27]가 이루어진다는 경고를 하기도 했다. 교묘하게 이루어진 내면의 식민지에서 해방되어 자유시민으로서 자신의 존재 방식을 선택할 수 있는 능력을 배양해 가기를 바라본다.

🖥 생각해 볼 문제

1. 다음의 말을 이어서 자신이 갖고 있는 젠더 고정관념에 대해서 생각해 보자.
   여자는~ ...
   남자는~ ...

2. 나에게 젠더 고정관념을 형성하는 데 큰 영향을 준 사람(들)은 누구인가?

3. 사회가 요구하는 젠더 고정관념은 나에게 어떻게 작용하였나? 긍정적 경험이나, 부정적 경험을 생각해 보자.

27　케이트 밀렛, 『성 정치학』 김유경 옮김, (서울: 썸앤파커스, 2020), 72. 원작 *Sexual Politics* 는 1969년 출판됨.

💬 **한국 사회에서**

1. 남자에게 기대되어지는 것은?

2. 여자에게 기대되어지는 것은?

3. 남자에게 허락되지 않는 것은?

4. 여자에게 허락되지 않는 것은?

5. 남자답다고 인정받으려면 있어야 하는 특성은?

6. 여자답다고 인정받으려면 있어야 하는 특성은?

💬 **다음 문장을 완성해 보세요.**

1. 나는 내가 여성/남성이라서 기쁘다. 왜냐하면....

2. 때론 내가 여자/남자였으면 하고 바란다. 왜냐하면.....

제3장

남자에게 페미니즘이
필요하다고?

남자에게 페미니즘이
필요하다고?

인식을 개선해 나가려는 젠더 평등 운동은 여성에 대한 부정적 젠더 고정관념의 실체를 해체하고자 하지만 큰 호응을 얻지 못하는 경우가 많다. 페미니즘 운동을 이끈 사람들은 최초로 여성도 남성과 동일한 인간이며 동등한 권리를 가졌다고 주장한 사람들이다. 하지만, 한국에서 최근 남성 혐오를 조장한 극단적인 사람들이 여자들이었다는 이유로 페미니즘의 정의는 퇴색됐다. 페미니즘을 남성 혐오와 동의어로 이해하고 있는 사람들도 많아서, "너 페미야?"라고 묻는 질문이 큰 비난으로 사용되기도하며, 선뜻 자신이 양성평등의 필요성을 옹호하는 페미니스트라고 밝히는 것을 거의 대부분이 주저하고 있다.

페미니즘 운동이 초창기이던 시절 미국에서도 "I am not a feminist but~"이라는 문구가 유행했었다. 페미니스트임을 밝히기 어려운 것은 우리나라에만 있는 독특한 현상은 아니다. "페미니즘의 정의를 알고 있나요?"라는 설문 조사를 하면 학생 중 몇 명은 이 용어의 정의를 검색해 보고, 자신이 이 용어에 대해서 막연하게 가지고 있었던 부정적인 견해에 대해서 의문을 제기하기도 한다. 다음은 한 학생이 제출한 보고서의 일부다:

> 나는 '페미니스트'라는 것에 대해서 유튜브를 통해 고2 때 처음 알게 되었다. SNS 특성상 자극적인 내용들이 많아서 좀 관심을 갖게 되었다. 페미니스트에 대해 찾아보다가 페미니스트에 대하여 안 좋은 내용만 봤던 터라, '페미니스트=질 나쁜 집단'이라는 생각이 내 머릿속에 각인이 되었고, 성차별적 생각이 내 무의식 속에 자리 잡았다. 이렇게 편협한 생각에 사로잡혀 있는 와중에 이 교양 과목을 듣게 되어 페미니스트에 대한 책을 읽게 되었다. 책을 읽고 난 후에 가장 먼저 든 생각은 '내가 페미니스트에 대해서 잘못 알고 있었다'는 걸 깨달았다.

페미니즘과 페미니스트들의 활동에 대한 역사적인 진술을 책으로 접하면서 자신이 알고 있었던 지식이 잘못된 것이었음을 깨달았다는 학생은 이 학우뿐만이 아니다. 조금씩 다르게 진술했지만, 학생들 사이에 일반적으로 알려진 페미니즘에 대한 오해를 볼 수 있다. "'feminism'은 '여성 해방주의'를 거쳐 '여성주의'로 개념이 정착되어 가고 있지만, 여전히 '여성 중심주의' 혹은 '여성 특권주의'라는 시선에서 자유롭지 못하다"[1]고 지적하는 정희진의 평가는 우리 사회에 만연해 있는 용어에 대한 오해를 확인시켜 준다. 페미니즘의 정의는 무엇이고, 페미니스트들은 누구며, 이런 페미니즘은 여성뿐 아니라 남성에게도 해방을 가져다줄 수 있는 이유에 대해서 생각해 보도록 하자.

'페미니즘'이란 용어에 대한 뜻을 아주 효과적으로 전달할 수 있는 영상 중, 영화 해리 포터(Harry Potter)에서 헤르미온느(Hermione Granger) 역으

---

[1] 정희진, "여성주의는 양성평등일까?," in 『양성평등에 반대한다』 정희진 엮음, (서울: 교양인, 2019), 9.

로 잘 알려진 영화배우 엠마 왓슨(Emma Watson)이 2014년 UN 본부인 뉴욕에서 한 연설이 있다. 이 연설은 UN 여성 기구가 펼친 'HeForShe' 캠페인의 취지를 설명하는데 여성의 인권과 권리회복을 위한 페미니즘 운동에 연대할 남성들의 참여를 끌어내는 것을 목적으로 한다. 왓슨은 자신이 이 캠페인을 위해서 6개월 전에 지명되었고, 자신이 "페미니즘에 대해 말할수록, 여성의 권리를 위해 싸우는 것이 남성혐오와 동의어로 사용되고 있다는 것"을 깨닫게 된다고 말한다.[2] 왓슨은 이러한 행태가 반드시 멈춰야 한다고 주장하면서, 페미니즘이란 "여성과 남성은 동등한 권리와 기회를 가져야 한다는 믿음이며, 정치, 경제, 사회적으로 성별(sexes)의 평등에 대한 이론"이라고 정의 내린다. 왓슨의 연설문 일부를 직접 인용해 본다:

Why is the word such an uncomfortable one?
I am from Britain and think it is right that as a woman I am paid the same as my male counterparts. I think it is right that I should be able to make decisions about my own body. I think it is right that women be involved on my behalf in the policies and decision-making of my country. I think it is right that socially I am afforded the same respect as men. But sadly, I can say that there is no one country in the world where all women can expect to receive these rights. No country in the world can yet say they have achieved gender equality.

2   Emma Watson, "Gender Equality is Your Issue, too," (온라인 자료): https://www.unwomen.org/en/news/stories/2014/9/emma-watson-gender-equality-is-your-issue-too (2024.04.28. 최종 접속).

> **왜 페미니즘이란 이 단어는 이토록 불편한 단어일까요?**
> 나는 영국 사람입니다. 나는 여자로서, 내가 남자 동료와 동일한 임금을 받는 게 옳다고 생각합니다. 나의 몸에 대해서 내가 결정을 내려야만 한다는 것이 옳다고 생각합니다. 그리고 국가의 정책과 중요한 결정을 할 때 여성들이 관여해야 옳다고 생각합니다. 여성으로서 내가 사회적으로 남자들과 동등한 존경을 받는 것도 옳다 생각합니다. 그러나 슬프게도 제가 말한 이런 권리를 모든 여성이 기대할 수 있는 나라는 전 지구에서 한 나라도 없습니다. 지구상의 어떤 나라도 젠더 평등을 성취했다고 말할 수 없습니다.

왓슨은 연설에서 힐러리 클린턴(Hilary Clinton)이 1995년 베이징에서 했던 여성의 권리에 관한 연설에 대해서 언급하면서, 힐러리가 연설을 하고 거의 20년이 지났지만 슬프게도 현실화되지 못한 일들이 여전히 많다고 이야기한다. 왓슨의 연설이 있은 지 거의 10년이 지난 2023년에는 어떤 변화가 일어났을까? 2023년 「세계 젠더 격차 보고서(*Global Gender Gap Report 2023*)」에 따르면, 146개 국가의 젠더 격차는 68.4%로 작년과 비교해 0.3% 향상됐다.[3] 이 보고서를 처음 발간한 2006년의 결과와 비교하자면 4.1%의 발전을 이룬 것이지만, 이런 속도로 젠더 격차가 좁혀진다면 온전한 성평등을 이루기 위해서는 131년이 걸릴 것이라고 전망한다.

하지만, 물리적인 시간 131년은 성평등의 실현을 보장하는 숫자가 아니다. 의식적인 노력과 연대가 없다면 200년이란 세월이 흘러도 양성평등의 실현은 묘연할 수 있다. 많은 사람들의 참여와 노력으로 오늘의 현실에 이를 수 있었던 것처럼, 131년 후 젠더 평등이 현실이 되기 위해서는 여성의 참여와 노력뿐이 아니라 남성의 연대는 필수적이다. 지금의 현실에서 남성이 더 많은 힘과 재원을 가지고 있기 때문이기도 하며, 동

---

3   World Economic Forum, *Global Gender Gap Report 2023* (June, 2023), 5.

| 그림 1

GENDER EQUALITY IS A HUMAN RIGHT

131 years
to close the global gender gab

* 출처: IFATCA

시에 남성의 연대는 인류의 절반인 여성만을 위한 희생이 아니라, 남성 자신의 해방이란 결과를 가져올 것이기 때문이다. 페미니즘의 의미를 정확히 알게 된다면, 페니미즘에 남성의 연대가 왜 남성의 해방을 위해서 필요한 것인지 이해할 수 있게 된다.

여성의 차별과 억압을 분석해내는 다양한 관점들로 인해서 하나의 통일된 정의를 내리기는 어렵지만, 나는 페미니즘을 모든 형태의 차별에 반대하는 이념이자 철학이라고 정의 내리고 싶다.[4] 페미니즘의 발전을 제1의 물결, 제2의 물결, 그리고 제3의 물결이라 표현하기도 하는데, 제1의 물결 페미니즘이 일어나는 도화선을 제공한 프랑스 여성 올랭프 드 구주(Olympe de Gouges, 1748~1793)와 영국의 메리 울스턴크래프트(Mary Wollstonecraft, 1759~1797)를 기억할 필요가 있다. 구주는 1791년 9월 14일 *Declaration of the Rights of Woman and of the Female Citizen*(모든 여성 시민들과 여성의 권리 선언)을 썼다. 현대 민주주의를 탄생시켰다고 알리

---

4 『페미니즘: 교차하는 관점들』에서 로즈마리 통(Rosemary Thong)은 자유주의 페미니즘, 급진주의 페미니즘, 마르크스주의 페미니즘과 사회주의 페미니즘, 미국 유색인종 페미니즘(들), 전 세계의 유색인종 페미니즘(들), 정신분석 페미니즘, 돌봄 중심 페미니즘, 에코페미니즘, 실존주의 포스트모던 페미니즘, 제3의 물결 페미니즘과 퀴어 페미니즘을 소개한다. 그러면서 서론에서 지적하기를 "다른 모든 관점에 대해 승리하는 한 가지 관점을 찾고 있는 독자가 있다면 이 책의 말미에서 결국 실망할 것이다"라는 주장을 통해서 페미니즘이라는 커다란 체계 아래 얼마다 다양한 분석들이 있는지 피력하고 있다.

는 프랑스 혁명은 시민세력이 왕조를 무너뜨린 최초의 사건으로, 1789년 *The Rights of Man and of the Citizen*(인간과 시민의 권리)라는 선언은 프랑스 혁명

| 그림 2 올랭프 드 구주

| 그림 3 메리 울스턴크래프트

의 대표적인 선언이다. 하지만, 피지배자인 시민들도 왕권을 가진 사람들과 다를 바 없는 평등한 인간이라 주장하는 이 문서에서 인간의 범주에 여성은 포함되지 않았음을 구주는 지적한다. 구주는 출판 활동을 포함해서 적극적인 정치활동을 한 행동가였는데, 이 선언문의 출판 이후 형장의 이슬로 사라지게 된다.

구주와 동시대를 살았던 울스턴크래프트는 계몽사상의 언어를 통해서 계몽사상을 비판하는 *A Vindication of the Rights of Woman*(여성의 권리 옹호)를 1792년에 출판하면서 여성의 정신은 남성의 정신과 조금도 다르지 않으며 여성은 남성과 동등한 인격체임을 주장한다. 여성의 성격과 교육에 대한 몇몇 근대적인 출판문들에서 제시하는 의견들을 검토하는데, 장 자크 루소(Jean-Jacques Rousseau)의 교육론서인 『에밀』에서 "여성은 남성을 기쁘게 하고 그에게 복종하기 위하여 창조되었다는 것, 그리고 스스로를 자신의 주인에게 적합하도록 만드는 것이 그녀의 의무"[5]라고 추론한 것 등에 대해 격렬한 비판을 가한다. 여성에게는 이성적인 교육이 불필요하다는 루소의 주장에 대해 울스턴크래프트는 여성이 이성적인 존재임을 주장한다. 구주와 울스턴크래프트의 가치는 페미니즘이 발전과 함께 계속하여 재발견되고 있다.

5 메리 울스턴크래프트, 『여성의 권리 옹호』 문수현 옮김, (서울: 책세상, 2019, 초판은 2011), 78. 에밀의 프랑스어 책은 1762년 출간됨.

| 그림 4 여성운동의 발달

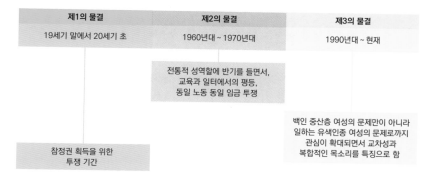

19세기 중반부터 1950년대까지의 움직임을 제1의 물결이라 부르고 여성에게 참정권을 부여하자는 주장이 주를 이루었다. 2015년 개봉한 영국 영화 "Suffragette(서프러제트)"는 1912년 런던의 세탁물 공장에서 일하던 여자 주인공이 그 당시 한참 진행되던 "Votes for Women(여성에게도 참정권을)"이라는 슬로건을 내건 여성운동에 참여하게 되는 과정을 그리면서 제1의 물결 페미니스트 운동이 진행된 당시의 배경과 여성에게 참정권이 주어지게 하기 위해서 얼마나 힘겨운 투쟁을 했는지 보여준다. 이 영화를 보면서, "양성평등은 남성이 주는 '선물'이 아니며, 남성이 양보하는 '미덕'도 아니다. 눈물겨운 투쟁의 결과다"[6]라는 문구가 떠올랐다. 법 앞에서의 평등을 위해 목숨도 아까워하지 않았던 수많은 여성들의 희생에 깊이 감사를 표한다.

제2의 물결은 대략 1960~1980년대 이루어진 페미니즘 운동으로 젠더 평등과 여성을 위한 평등한 기회에 중점을 두었다. 제3의 물결 페미니즘은 1990년대부터 현재에 이르기까지 진행되었고 평등주의적 관심사, 결과의 평등, 그리고 교차성 이론이 그 중심에 있다. 제2의 물결 페미니즘이 진행되던 시대 상황을 미국의 한 온라인 매체에서 발표한 "1950년대 60년대 미국 여성들에게 허락되지 않은 11가지 평범한 것

6 김경집, 『진격의 10년, 1960년대』 (서울: 동아시아, 2022), 318.

들"이란 제목의 기사를 통해 살펴보자:

　　무엇보다 먼저 여자는 남편이나 가족 중 남성의 허락 없이는 은
행 계좌를 계설할 수 없었다. 1974년 평등신용거래법이 제정되면
서 혼자서 계좌 개설이 가능해졌다. 두 번째, 배심원제도를 가진 미
국에서 여자는 배심원으로서 역할을 할 수 없었던 것을 각 주가 다
른 시점에 시행하긴 했지만, 점진적으로 여자를 배심원석에 앉을 수
있도록 법을 개정했다. 가장 마지막으로 배심원 제도를 위한 법을 개
정한 주는 미시시피로 1968년이다. 세 번째, 여자는 법학을 전공하
고 모든 시험을 통과했을지라도 법정에서 변호인의 역할을 하는 것
이 1971년까지 부인됐다. 네 번째, 피임약이다. 1960년대 피임약
이 허가를 받았지만, 그후 몇 년 동안 일부 주에서는 여자의 피임약
복용을 금지했다. 다섯 번째, 1978년 임신에 대한 차별금지법이 제
정되기 전까지 여자는 출산 휴가를 얻을 수 없었고, 임신과 함께 자
동 해고됐다. 여섯 번째, 공공장소에서 모유 수유가 금지됐다. 일곱
번째, 아이비리그 대학 입학이 금지되었었는데, 예일과 프린스턴은
1969년에 첫 여학생 입학을 허락했고, 하버드의 경우는 1977년에
서나 가능했다. 여덟 번째, 사관학교 입학으로, West Point Academy
사관학교는 1976년 첫 번째 여학생 입학을 허락했다. 아홉 번째, 보
스턴 마라톤 대회에서 달리는 것이 금지되었다. 마라톤은 1972년까
지 남자만 할 수 있는 운동이었다. 열 번째, 전투 투입을 금지했는데
2013년까지 여자들이 최전방에서 싸우는 것을 금지했다. 열한 번째
는 우주비행사가 되는 것이었다. NASA는 1978년 물리학자인 Sally
Ride가 그 규칙을 깰 때까지 여자가 우주비행사가 되는 것을 거부했다.[7]

　위에서 언급한 너무나 평범한 일들이 단지 여성이라는 이유로 할 수
없었던 것들이라니 오늘날 우리의 기준에서 보면 옛날 사람들의 삶의 모

7　Jess Catcher, "11 Ordinary Things Women Weren't Allowed to Do in The '50s and
　'60s," 이 부분은 온라인 기사를 번역하여 옮긴 것이다. (온라인 자료):
　https://littlethings.com/lifestyle/things-women-couldnt-do-50s (2024.04.17. 최종
　접속).

습이 놀랍기만 하다. 하지만 더 놀라운 것은 이 일이 호랑이 담배 피우던 시절의 일이 아니라, 불과 50~60년 전의 모습이란 것은 깊이 생각해 볼 일이다. 제1의 물결에서 시작해서 제3의 물결로 이어지는 페미니스트들의 끊임없는 노력이 없었다면, 우리가 누리고 있는 평범한 일상은 가능하지 않았을 수도 있다는 것을 기억하길 바란다. 오랜 세월 전해 내려온 젠더 고정관념으로 여성이 진정한 자기를 찾고 발전시켜 꽃 피우며 인류가 진보해 나가는데 공적인 기여를 할 수 있게 되기까지 수많은 여성의 희생과 투쟁이 있었다는 것을 잊지 않아야 겠다.

가부장제 사회는 오랜 세월 여자에게 연약함을 미덕으로 가르치면서 남자에게 의존하고 순종하도록 가르치고 사회화시켰다. 여러 방면에서 여성에 대한 억압과 지배를 정당화하고 이론화했다. 그렇다면 가부장제 사회에서 여자만 자유를 억압받은 피해자일까? 성차별을 낳은 가부장제는 남자에게 긍정적인 영향만을 미친 것일까? 젠더 평등이 남자들이 기존에 가지고 있던 기득권을 빼앗아 여성들에게 나눠주는 것이라고 생각한다면, 젠더 평등은 남자에게 부정적인 결과를 초래한다. [인권은 제로섬 게임이 아니란 점을 명심하자.] 하지만, "불평등은 남자에게 진짜 긍정적인 것만은 아니다"[8]라고 주장하면서, 최근 가부장제가 제시한 남성성은 남성에게도 큰 피해를 주고 있다는 주장이 일어나고 있다.

가부장제에서 만들어진 젠더 고정관념이 여성에게 연약함을 강조했다면, 남성에게 부여한 가치는 강함이다. "남자는 강해야만 한다", "남자는 울면 안 된다", "감정 표현을 해서는 안 된다"고 가르치지만, 분노는 표현해도 되는 감정으로 용인되고 있다. 이를 통해 '마초적(macho)'인 남성이 진정한 남자인 것처럼 인식하면서 남성의 폭력성을 허용하는 문화가 만들어졌다. 한국의 옛말 중에 "남자는 세 번만 운다"는 말은 가부장제에서

---

8 Øystein Gullvåg Holter, ""What's in it for Men?": Old Question, New Data," *Men and Masculinities* 17-5 (214), 516.

만들어진 잘못된 남성성을 가장 잘 표현하고 있다. 태어났을 때, 부모님이 돌아가셨을 때, 그리고 나라를 잃었을 때를 제외하고 남자는 울어서는 안 된다는 의미이다. 현재 이렇게 생각하며 살아가는 사람들은 그리 많지 않지만, 우는 남자아이에게 "남자가 울면 안 되는데"라는 말로 응대하는 경우는 아직도 비일비재하다. 인공지능과 자율주행 자동차 등 눈부신 기술 발전을 이룬 시대를 살아가고 있지만, 사람들의 인식은 아직도 먼 옛날에 머물러 있음을 한 남학생의 경험을 통해서 들어보도록 하자:

나는 슬픔이나 아픔으로 인해 울음을 터뜨릴 줄 모른다. 내가 어렸을 적 잘못으로 인해 혼나고 매를 맞을 때 울면 안 됐다. 울면 뭐 때문에 우는 거냐며, 이런 걸로 우냐면서 더욱 매를 맞았다. 그래서 나는 아파도 울지 못했고, 억울하고 슬픈 일이 있어도 눈물을 흘리지 못했다. 이것이 반복되고, 또 반복되다 보니 이제는 혼날 때가 아닌 그 외의 슬픈 일이 생기고 억울한 일이 생겨도 무덤덤해지거나 혹은 그저 냉철하게만 그 상황을 살펴보게 됐다. 심지어는 내가 초등학교 3학년 때 나를 아껴주시던 외할머니와 할아버지가 돌아가셨을 때도 나는 울지 못했다. 나에게는 위로 누나가 한 명 있다. 누나는 아버지에게 혼날 때 눈물을 자주 보인다. 매도 맞지 않고 말로만 혼나고 있는데 우는 모습을 보면 '아픈 것도 아니고 자신이 잘못한 일이 맞는데 왜 우는거지'라는 생각이 들 때가 있다. 하지만 내가 울 때는 왜 우냐며 매를 들었던 아버지가 누나가 울 때는 그 부분에 대해서는 아무말도 하지 않고 누나가 잘못한 점만을 계속 혼내는 점이 가장 이해가 되지 않았다.

우는 아들에게는 뚝 그치라고 다그치는 반면, 한 살 위인 딸 아이의 우는 행위에 대해서 지적하지 않았다는 위 아버지의 양육 태도는 여전히 많은 가정에서 반복적으로 일어나고 있는 흔한 일이라 생각한다. 흑인 여성 교육자 벨 훅스(bell hooks)는 이러한 양육 태도를 향해 "남자아이들의 감정적 삶에 가해지는 가부장적 공격"이라고 언급하면서, "성차별적인 사고를 가장 나쁜 방식으로 받아들인 결과 많은 부모들이 남자아이들은 울어도 안아주거나 달래주지 않고 내버려두는데, 아기를 너무 많이 안고 너무 많이 달래면 나약한 사람으로 성장할까 봐 두렵기 때문"이라고 적고 있다.[9] 가부장제가 만들어 놓은 남성성이 강조되는 것은 한국만의 일이 아니라 세계 곳곳에서 일어나는 일임을 알 수 있다.

이런 경험을 미국 뉴욕에서 아이를 키웠던 흑인 남성인 토니 포터 (Tony Porter)의 입을 통해서 듣는 것 역시 새로운 충격이기도 했다. 포터는 2010년 테드 톡(TED TALK)에서의 'A Call to Men(남성들에게 보내는 호소)'라는 제목의 강연을 통해 알려진 미국 뉴욕 출신의 활동가이며 교육자이다. 그의 강연은 2016년 *Breaking Out of the "Man Box"*라는 책으로 미국에서 출판됐고, 같은 해 『맨 박스』라는 제목으로 한국 번역본이 출간되면서 한국 독자들에게 알려졌다. "맨 박스"란 용어를 통해서 포터가 전하고 싶은 것은 가부장제 사회가 만들어 놓은 남성성은 남자를 가두고

억압하는 기제로 작용하고 있다는 것이다.

포터는 자신의 아들이 다섯 살 남짓일 때, 아들이 우는 것을 참지 못하고 "뚝 그치고, 남자같이 말할 수 있을 때 와서 다시 이야기해"라고 단호하게 이야기했지만, 15개월 차이인 딸아이가 울 때는 무릎에 앉히고 어르고 달래주었다는 이야기를 하면서 맨 박스를 어린 아들에게 씌우는 실수를 범했다고 이야기한다. 또한 맨 박스에 갇혀 있었던 자기 아버지의 모습을 나눈다.

9 벨 훅스, 『남자다움이 만드는 이상한 거리감: 페미니스트가 말하는 남성, 남성성, 그리고 사랑』 이순영 옮김, (서울: 책담, 2017), 77-78.

어릴 적 자신의 남동생 헨리가 불의의 사고로 세상을 떠나게 되었을 때, 장례식에서 아버지는 엄마나 다른 여자 가족들 앞에서 차마 눈물을 보이지 못하고 여자들이 휴게소에서 화장실을 갔을 때 어린 자기 앞에서 눈물을 흘렸고, 눈물을 보인 아버지가 아들인 자신에게 사과했던 일을 다음과 같이 회상한다: "아버지는 고작 10분 전에 어린 아들을 땅에 묻었다. 나로서는 상상하기 힘든 고통이다. 그날의 기억은 아직도 머릿속에 선명하다. 아버지는 곧 내 앞에서 눈물을 보인 것에 대해 사과하셨다. 그리고 울음을 참아낸 내가 자랑스럽다고 칭찬하셨다."[10] 남성의 감정적인 삶에 가해지는 가부장제의 공격을 선명하게 보여주는 이야기이다.

포터는 맨 박스에 갇힌 남자들의 단편적 모습을 자신의 아버지에 대한 기억을 통해서 전하고 있다. 이런 행동은 남자다움에 갇힌 남자들이 흔히 보이는 모습이다. 가부장제 사회가 만들어 놓은 '남성다움'이라는

젠더 규범인 맨 박스는 남자들이 진정한 인간으로서 모든 감정을 느끼고 살아가도록 허락하지 않았다. 가부장제의 공격이 여성에게 연약함을 강요하며 잠재력을 파괴했다면, 남성에게는 있는 풍부한 감수성과 공감의 능력 등을 거세하도록 조장한 것은 아닐까 생각된다. 남자다움에 갇힌 남자들이 만들어내는 한국의 풍경은 어떠할까?

2023년 통계청에서 출간한 『한국의 사회동향 2023』에서 명지전문대학교 이유리 교수는 한국의 자살 추이와 대응에 대하여 보고하면서, "성별에 따른 자살률은 남자가 여자보다 높다. […] 2010년 이후에는 남성의 자살률은 여성보다 인구 10만 명당 20명 이상 더 높아졌으며, 2022

---

10 토니 포터, 『맨 박스: 남자다움에 갇힌 남자들』 김영진 역, (서울: 한빛비즈, 2019), 21.

년에는 20.2명 더 높게 나타났다"[11]고 진술한다. 남자들의 자살률이 더 높은 이유를 생각하다가, 지난 2009년 신문 기사의 한 대목이 떠올랐다. 주간조선의 "우리나라를 '자살 1위'로 만든 결정적 진원지는 바로 '40~60대 중년 남성'들이라는 제목이다.

이 기사는 통계 분석 결과 '침묵하는 우리 시대의 아버지'들은 하루 평균 12명씩 목숨을 끊으며 연령대에 비해서 두꺼운 '자살벨트'를 형성하고 있다"[12]고 적고 있다. 침묵하는 우리 시대의 아버지들이 한국의 자살 인구 중 상당 부분을 차지한다고 지적하는데, 바로 이 아버지들이 남자 다움에 갇힌 아버지들이 아닐까 추정해 본다. 고등학교 3학년인 아들과 대학생인 딸을 둔 어머니와 아버지가 있는 가정을 생각해 보자. 가정에서 가장 외로운 사람은 누굴까? [당신의 가족에서 가장 외로운 사람은 누구일지 생각해 볼 수 있길 바란다.] 다음 학생의 이야기를 통해서 외로운 우리네 아버지들의 현 주소를 엿볼 수 있지 않을까 생각한다:

> 우리 아빠는 가부장적인 사람이다. 아빠는 결혼을 늦게 했고 늦게 나를 가졌다. 그래서 아빠는 내 친구 부모님들보다 나이가 대략 열 살 정도 많고, 나는 아빠 친구 자식들보다 나이가 대략 열 살 정도 적다. 정리하자면, 일찍 결혼했으면 손주를 봤을 수도 있을 우리 아빠는 내 친구들의 아버지에 비하면 그리 가정적이지도 않고, 가끔은 입을 찰싹찰싹 때려주고 싶은 구시대적인 말을 하기도 한다. 다행히 딸들에게 시달리며 예전보다는 훨씬 나아졌지만 그럼에도 가부장 사회를 온몸으로 견디고 살아온 가장인지라, 딸들이 시집가서 커리어를 포기한 채 집안일만 하며 사는 것은 원치 않지만, 그렇게 살아온 아내의 설움은 잘 이해

11 이유리, "한국의 자살 추이와 대응" in 『한국의 사회동향 2023』 발간등록번호 11-1240245-000014-10, 103.
12 박세미, "'자살 1위국' 핵심은 40~60대 남성_벼랑 끝에 선 중·노년... 무엇이 죽음으로 내모나." 주간조선 2024년 4월 17일 온라인 뉴스. 이 기사는 "40~60대 남성 자살자, 여성의 3배. 작년 4546명, 자살시도도 4만여 명"이라고 밝히면서 〈이 기사는 주간조선 2085호에 게재된 기사입니다〉라고 밝히며 2009년 12월 기사를 공유하고 있다. (2024.04.17. 최종접속). https://www.chosun.com/site/data/html_dir/2009/12/16/2009121601545.html

하지 못하는 모습을 보여주는, 평범한 중년의 남성이기도 하다... 처자식을 먹여 살리겠다고 아침 일찍 일을 나가 저녁 늦게 들어오는 바람에 평일에는 얼굴 한 번 보기 힘든 아빠는, 어느 순간부터 내게 있어 주말에만 잠시 등장하는 이벤트성 NPC 같았다. 물론 아빠를 사랑하지 않는다는 소리는 아니지만, 역시 감정적인 교류를 하기엔 뭔가 서먹하다. 그런데 요즘 아빠가 그것이 못내 서운한가 보다. 특히나 집에 있으면 자신이 그동안 나가서 일한다고 가정에 소홀했던 걸 많이 느끼시는지 어느 날 밥을 먹다 내게 "너, 엄마랑 말도 많이 하고 꽤 친해 보이더라."고 하는데, 그 말을 들은 나는 순간 이게 대체 무슨 소린가 고민해야 했다. 아마 내가 엄마랑만 친한 거 같아 서운하셨던 모양이다.

아버지 혼자 경제활동을 한 경우라면, 더더욱 돈을 벌어 온다는 이유로 가사와 아이 양육에는 참여했을 리 없는 우리네 아버지들은 아이가 훌쩍 크고 난 후 자녀와의 친밀한 감정적 교류를 쉽게 나누지 못한다. 아이와의 감정 교류만 차단된 게 아니라 아내와의 감정교류마저 차단된 경우라면 중년을 지나 노년이 되면서 아버지들이 느낄 정서적 외로움과 고립감은 더더욱 클 것이다. 집에 설 자리가 없어 야근이 없고 회식 자리가 없는 날에도 일찍 집으로 퇴근하기를 꺼리는 비행 가장들이 있다는 사실은 참으로 안타까운 현실이다. 바로 가부장제가 만들어 놓은 남자다움에 갇힌 남성들은 여성만큼이나 진정한 자기를 찾지 못하고 어려움을 겪게 된다.

가부장제 사회가 여성을 피해자로 만들고 남자들은 전적으로 혜택을 누렸다고 생각하도록 만드는 것은 큰 오해다. 억압 받은 여자만큼 남자 역시 억눌려 왔음을 알아차려야 한다. 그렇기 때문에 젠더 평등은 남성에게도 유익하다. 노르웨이(Norway) 오슬로 대학(University of Oslo)의 사회학 교수 외이스테인 굴보그 홀터(Øystein Gullvåg Holter)는 2014년 "'What's in it for Men?': Old Question, New Data(남자에게 유익한게 무엇인가?: 오래된 질문, 새로운 데이터)"라는 제목의 연구에서 젠더 평등이 건강과 연관성을 가졌다는 새로운 연구들을 바탕으로, 젠더 평등의 정도가 더 좋은 건강과 밀접한 연관성을 갖는다는 것을 밝히며 젠더 평등은 여성에게뿐 아니라 남성에게도 유익함을 줄 수 있다고 주장한다.[13] 북유럽 국가 남성들의 건강과 삶의 만족도가 한국의 남성들에 비해 상대적으로 높은 이유 중 하나는 젠더 평등이 조금 더 발전한 데서 찾을 수 있다는 의미다. 다시 말해, 아이의 육아와 가사 노동에 적극적으로 참여한 남성들은 가정 안에서 더욱 소속감을 느끼며 나이가 들어도 정서적으로 고립감을 느끼지 않으니, 신체적으로도 더 건강할 수 있다는 의미다.

세바시 강연에서 "차별은 비용을 치른다"라는 제목으로 강연한 손아람 작가는 젊은 남성들이 "역차별"이라고 부르는 현상은 "차별 비용"이라는 용어로 불러야 더 타당하다는 주장을 펼친다.[14] '역차별'이라고 하면 가장 먼저 '남자만 군대에 간다'라는 생각이 떠오를 것이다. 또 남성이 위험노동을 전담하고, 데이트 비용은 남자가 내야 하고, 남성이 가정 경제를 부담해야 한다는 것 등이다. 학교를 다니며 여자라는 이유로 보호를 받고, 남자라는 이유로 거칠게 응대 받으며 자란 젊은 세대 남자들에게 이러한 행태가 역차별로 느껴질 수 있겠다는 생각이 든다. 사회의 구조적인 불평등은 40세 이후 기득권으로 들어가면서 더욱 확연히 느낄 수 있는 부분이니, 젊은 세대에게 구조적인 불평등이 보이지 않는 것은 어쩌면 당연한 일이다. 하지만, 역차별이라고 받아들여지는 행태들은 사실 여성에게 연약함을 강요해 온 "선행 차별"로 인해 빚어진 것이기 때문에 "차별 비용"으로 불러야 옳다는 것이 손아람 작가의 주장이다.

버스를 타려면 버스 비용을 지불해야 하고, 택시를 타려고 해도 택시 비용을 지급해야 한다. 무언가의 대가를 지급하는 것이 비용이라면, 선

---

13 Holter, ""What's in it for Men?"", 541.
14 손아람, "차별은 비용을 치른다," 세바시 강연 848회, 온라인 자료:
    https://www.youtube.com/watch?v=cYuFnDyARBw (2024.04.25. 최종접속)

행 차별이 있었기에 오늘을 사는 세대가 지급해야 하는 대가니 차별 비용으로 불러야 한다. 언제나 작용이 있으면 반작용이 있는 게 세상의 이치이다. 남성만 군대에 가야 한다는 법을 만드는 자리에 여성이 있었을까? 그럴리 없다. 남성만 군대에 가도록 법을 제정한 사람들은 남성들이었다. 오랫동안 여성에게 열등함과 나약함을 강요해 왔기 때문에, 상대적으로 남자에게 더 많은 부담감이 지워지게 된 것이다.

나는 손아람 작가가 제안하는 '차별 비용'이란 말에 전적으로 동의한다. 다음 세대가 차별 비용을 덜 지불하게 하기 위해서 우리 세대가 해야 할 일들은 어떤 것이 있을지를 생각해 보도록 학생들에게 질문을 던지곤 한다. 여자는 자신이 가진 가능성을 다 꽃피울 기회를 빼앗기는 비용을 내야 했다면, 인간성을 거세당하고 과도한 부담감이 자신의 운명이라고 받아들이며 살아가야 했던 것이 남자가 지급해야 하는 비용이었다. 남자들도 여자만큼 해방이 필요하다. 남자들에게도 페미니즘이 필요한 이유가 여기에 있다.

옌스 판트리흐트(Jens van Tricht)는 네델란드 암스테르담대학교에서 여성학을 전공하고, 세계 곳곳에서 남성성을 변화시키고 인간성에 대한 새로운 관점을 제시하고 있다. 그의 책 『남성해방』의 원제목은 *Why Feminism is Good for Men?*(왜 페미니즘이 남성에게 좋은가?)으로 페미니즘은 남성에게도 이롭다는 주장을 펼치고 있다. 그는 페미니즘은 단순한 평등의 구호 이상이라고 정의하면서, 페미니즘은 지배와 억압의 사회 구조를 비판적으로 바라보는 관점을 시사한다고 덧붙인다.[15] 그러므로 판트리흐트는 페미니즘의 목표를 남성적 특성이 여성적 특성보다 가치가 더 높다

---

15 옌스 판트리흐트, 『남성해방』 김현지 옮김, (서울: 책펴냄터 노닐다, 2023), 53.

고 상정하는 가부장제와 싸우는 것으로 이해한다. 페미니즘은 가부장제의 공격을 막아내기 위한 이론적 틀로서, 여성만을 해방시키는 것이 아니라 가부장제가 만들어 놓은 남성다움에 갇힌 남성을 해방시키는 데에도 유익하며 필요하다.

가부장제가 만들어 놓은 남성다움이라는 젠더 박스는 남성은 강인해야 하고, 대범해야 하며, 또 성공해서 많은 돈을 가지고 있어야 한다고 규정한다. 이런 남자야말로 '진짜' 남성으로 여성들에게 매력을 어필할 수 있다고 줄곧 강조하지만, 이러한 남성다움은 실패와 실수가 인생에서 빼놓을 수 없는 요소라는 것을 간과한 채, 모든 남성에게 늘 이기기만 해야 한다고 강요하면서 남성들의 삶을 억누르는 것이다. 판트리흐트는 "이처럼 남성다움에 대한 좁은 정의는 한 인간으로 발전할 여지를 끔찍하게 제한한다. 그렇게 길러진 남성성은 남성의 삶에 독이 되어 결국 막대한 사회적, 개인적 문제로 이어진다"[16]라고 일침을 가한다. 남자에게 페미니즘이 필요한 이유가 여기에 있다.

페미니즘의 역할에 대해서, 정희진은 "남성과 여성 모두에게 자신이 어떤 존재인지 의문을 갖게 하고, 스스로 자신을 정의할 수 있는 힘을 준다"고 주장하면서 페미니즘은 여성만을 위한 것이 아니라, 남성에게, 공동체에게, 전 인류에게 새로운 상상력과 창조적 지성을 제공한다고 적고 있다.[17] 페미니즘의 목표에 대한 판트리흐트와 정희진의 주장에 흐르고 있는 조화로운 화음을 들을 수 있는가? 내가 서두에 페미니즘은 모든 형태의 차별과 억압에 반대하는 이념이자 철학이라고 정의 내렸던 이유 역시 이러한 맥락에서 이해할 때 그 의미가 더 분명해진다. 페미니즘은 억압과 차별의 원인을 분석해내는 틀을 제공하며, 더 나은 세상을 만들기 위한 상상력을 자극하는 데 유용하다.

---

16 위의 책, 64.
17 정희진, 『페미니즘의 도전: 한국 사회의 일상의 성정치학』 (서울: 교양인, 2020, 초판 2005), 32.

페미니즘을 공부하는 사람들은 위와 같은 고민하게 되며 그러한 고민을 통해 자기 파괴가 일어나고 더 나은 인간으로 태어난다. 페미니즘은 우리가 갖고 있는 인간상에 대한 확장을 가져와 여성과 남성 모두가 진정한 인간으로 거듭날 수 있도록 우리를 이끌어 준다. 다양성을 존중하고 꽃 피어날 수 있도록 나의 나 됨을 가로막는 장애물들은 무엇인지 깊이 생각해 볼 수 있길 바란다. 그렇기 때문에 젠더 평등이란 남성의 문제에는 무관심한 채, 여성의 지위만을 올리려고 하는 노력이 아니다. 페미니즘은 모든 형태의 차별을 반대하고 인류의 절반인 여성이 가진 인간성을 온전하게 회복시키는 것에 관심이 있을 뿐 아니라, 남자의 온전한 인간성 회복도 목표로 한다는 것을 기억할 수 있길 바란다. 사실, 에코페미니즘이란 분과는 인간을 넘어서 환경과 동물 등 비인간 세계에까지 그 관심을 확장해가고 있으니, 페미니즘은 인간세계에서의 억압을 종식시키는 것에만 머무르지 않고, 그 관심을 확장해 간다. 억압의 요소가 복잡하게 엉키고 중첩되어 나타나는 이 시대에 페미니즘은 더 나은 세상을 위해 더욱 연구되어야 한다.

1. 엠마 왓슨이 말하는 페미니즘이란 용어에 대한 이해와 현 시대의 이해는 비슷한가 다른가?

2. 페미니즘이란 무엇인가? 내가 이미 알고 있던 정의에 변화가 있었는가?

3. 나를 가두는 박스는 무엇일까?

4. 페니미즘이 남자에게 해방을 줄 수 있는 이유는?

제4장

같아지는 것이 아니라
공의로움

같아지는 것이 아니라 공의로움

'젠더(gender)'는 문화적이고 사회적으로 구성된 '성(性)'을 의미한다. 한 사회에서 자연스럽게 통용되는 '여자다움'이나 '남자다움'은 타고 태어난 것이 아니라, 한 개인이 특정 사회에서 사회화되는 과정에서 학습을 통해 구성된 것이다. "문화적으로 구성되었다"라고 할 때, '구성'은 영어의 'construct'라는 동사를 번역한 것인데, 한국인들에게 '건축'이나 '건설'을 뜻하는 이 동사의 명사형인 'construction'이 잘 알려져서 '건설하다'는 뜻이 더 익숙할 수 있다. 한편, 'construct'라는 동사는 '건설하다'라는 의미와 함께 '구성하다'라는 의미로도 사용되는데, '구성하다'는 건축물 하나가 만들어지기 위해서 다양한 건축 재료들이 혼합되어야 하는 것처럼, '여성다움'이나 '남성다움'이라는 사회적 기준은 동시대 사람들이 합의하여 만들어진다는 의미다.

시몬 드 보부아르(Simon de Beauvoir)의 유명한 명제 "One is not born,

but rather becomes woman(여자로 태어나는 것이 아니라 만들어지는 것이다)"[1]이란 진술이 전달하는 바가 바로 사회적 구성물로서의 젠더를 말한다. 젠더는 타고난 태생적인 것이 아니라 되어가고 만들어져 가는 것이다. 보부아르의 The Second Sex(1949)라는 책 제목은 여성이라는 성별을 제2의 성으로 취급하면서 마치 일 등급 시민이 아니라 이 등급 시민쯤으로 이해했던 기나긴 역사와 당시 프랑스 사회에 만연했던 젠더 개념에 도전하고 있다. 보부아르의 진술을 접한 한 학생은 "여자는 태어나면서 코르셋이 입혀지고 남자는 갑옷이 입혀진다"라는 말로 사회적으로 구성되는 젠더에 대한 이해를 밝히기도 했다.

여자가 가진 포궁으로 여자가 되는 것이라고 생각하던 때도 있었지만, 여자가 조신하고, 고분고분해야 한다는 여성스러움에 대한 인식은 전적으로 문화적 합의에 의해 구성된 것이다. 젠더의 상당 부분은 문화적으로 구성된 것이지만, 모두가 그런 것은 아니라는 점을 기억하는 것 역시 중요하다. 프란스 드 발은 젠더를 "각 성이 걸치고 다니는 문화적 외투"라고 간주하면서 사회적 구성물로서의 젠더라는 개념에는 아무런 문제가 없지만, "더 급진적인 젠더 개념은 우리 종의 생물학과 충돌한다"[2]고 지적하는데, 젠더에 대한 연구가 계속 진행되고 있는 이때 참고해야 할 중요한 주장이 아닐까 생각한다.

드 발이 "더 급진적인 젠더 개념"이라고 할 때 그 의미는 무엇일까? 더 급진적인 젠더 개념이란 용어를 곱씹으며 행동주의 심리학자 존 왓슨(John Watson)의 주장이 스쳐 지나갔다. 보이지 않는 무의식으로 인해서 사람됨이 결정된다는 정신분석에서의 주장에 맞서, 심리학을 과학으로 만들겠다는 행동주의 심리학자들은 눈에 보이는 것만을 연구의 대상으로

---

1 Simon de Beauvoir, *The Second Sex*, trans. Constance Borde and Sheila Malovany-Chevallier, (New York: Vintage Books, 2010), 283. Original publication in 1949.보부아르의 이 책은 출간된 일주일 만에 2만 2천권이 팔렸고, 40개 이상의 언어로 번역됐다.
2 드 발, 『차이에 관한 생각』, 74.

삼아야 한다고 생각했고, 사람의 행동은 보상과 처벌 등에 의해서 결정된다고 믿었다. 왓슨은 이러한 행동주의 심리학의 창시자로, 자신에게 완벽한 환경과 12명의 아이를 준다면, 그 아이들을 의사, 판사, 교사, 경찰관 등 자신이 뜻하고 의도한 대로 키워 낼 수 있다는 자신감을 표현한 바 있다. 사람이 갖고 태어난 특성은 중요하지 않고 양육 방식과 환경의 절대적인 중요성을 강조한 것이다.

'금수저', '흙수저'라는 용어로 표현되는 부모의 사회·경제적 계급의 대물림이 심각한 사회 문제가 되는 최근 한국 사회에서 양육의 중요성을 강조하는 왓슨의 주장은 어느 정도 설득력이 있다. 경제적인 수입이 낮은 나라들에서 여자들에게 교육의 기회가 훨씬 적게 주어지는데, 엄마가 교육을 아예 받지 않은 아이는 엄마가 약간의 교육 기회를 가진 경우의 아이보다, 학교에 보내지지 않을 가능성이 2배 이상이라고 한다.[3] 또한 한국에서 수도권 대학을 졸업한 부모의 자녀들이 비수도권 대학을 졸업한 부모를 둔 자녀보다 수도권 대학에 진학할 확률이 높다는 통계가 왓슨의 주장을 어느 정도 뒷받침해 줄 수 있다. 하지만, 양육지배론은 또 하나의 결정론적 인간이해라 할 수 있으며, 드물긴 하지만 여전히 개천에서 용이 나오기도 하니, 인간이 가지는 회복력과 가능성에 대해 설명하지 못하는 한계를 지녔다.

사회적 구성물로서의 젠더에서 더 급진적으로 나아가는 젠더 개념이란 여자와 남자가 가지는 생물학적 차이와는 상관없이 모든 것이 사회·문화적으로만 구성된다는 주장이다. 더 급진적인 젠더 개념은 여자아이를 남자로 만들거나 남자아이를 여자로 만들 수 있다는 생각으로까지 발전할 수 있다. 개인이 가진 특이점이나 개성과는 상관없이 개인을 자신이 뜻하고 의도한 대로 길러낼 수 있다고 장담했던 왓슨의 주장이 큰 한계를 가졌듯이, 생물학적 차이는 무시하고 양육 태도나 사회적 합

3　UN Women Training Center, I Know Gender 8: Gender Equality and Education 중에서.

의만으로 여자와 남자로 만들어질 수 있다는 신념은 인간에게 해방이나 자유가 아닌 큰 위험을 줄 수 있음을 기억해야겠다.

데이빗 라이머(David Reimer) 사건으로 알려진 데이빗의 삶은 생물학적으로 갖고 태어난 생식기와는 상관없이 양육 방식만으로 여성과 남성으로 만들 수 있다는 1950년대 중반 미국에서 인기를 얻으며 부상하던 믿음에 도전을 주었다. 현재 여성과 남성이 되는 것이 전적으로 양육에 달렸다는 믿음은 설득력이 없지만, 미국에서 1950년대에만 해도 큰 인기를 얻었는데, 가장 큰 공헌을 한 사람은 존 머니(John Money)였다. 머니는 1952년 "Hermaphroditism: An Inquiry into the Nature of a Human Paradox(자웅동체: 인간 역설의 본질에 관한 탐구)"라는 제목의 박사 논문을 완성하면서 하버드대학 심리학과 박사과정을 졸업한다. '자웅동체'라 해석되는 'hermaphrodite'는 암수가 한 몸에 있음을 뜻하는 '간성(intersexual)'으로 이해할 수 있는바, 태어날 때 여성이나 남성의 성기로 인식되기 어려운 성기를 가지고 태어난 아이들을 의미한다. 머니는 생물학적인 연구만 이루어졌던 이 영역에 뛰어들어 여자도 남자도 아닌 이 아이들이 어떻게 자라가는지 심리학적인 접근을 한 논문을 완성했고, 졸업하던 당시 세계 최초 간성인 사람들을 위한 클리닉이 있었던 존스 홉킨스 병원(The Johns Hopkins Hospital)에 초청받아 일하기 시작한다.

취업 후 6년 동안 머니는 햄슨 부부(Dr. Joan and John Hampston)와 힘을 합쳐 131명의 간성(intersexual) 연구 대상자들을 연구했고, 그 결과 "모호한 생식기를 가졌거나 염색체가 같은 간성인들을 반대 성별로 양육했을 때 95% 이상이 남자로 길러졌든 여자로 길러졌든 심리적으로 똑같이 잘 기능했다"[4]고 발표한다. 그러면서 1955년에는 "여자 또는 남자로서의 성적 행동(sexaul behavior)과 성적 지향성(sexual orientation)은 부모와 사회에

---

[4] John Colapinto, *As Nature made Him: The Boy Who Was Raised as a Girl* (New York: Harper Perennial, 2000), 32. 이 책의 한글판은 2022년 『미안해 데이빗』이란 제목으로 출판됐다.

의해서 결정된다"[5]라고 주장하면서 아이를 성적으로 백지와 같은 존재로 이해했다. 머니의 이러한 견해가 대중에게 알려지면서, 큰 인기를 끌게 됐고, 다양한 매체에서의 인터뷰가 이어졌다. 머니와의 한 TV 인터뷰는 캐나다에 살면서 자신의 쌍둥이 아들에게 생긴 불운의 사고 때문에 간절히 해결책을 찾던 부부에게까지 닿게 된다.

1965년 8월 22일, 캐나다에 살던 열아홉 살 재닛과 스무 살 론 라이머에게 일란성쌍둥이 아들이 태어났다. 부부는 쌍둥이를 브루스(Bruce)와 브라이언(Brian)이라고 이름 붙였고, 아이들이 7개월이 되었을 때 소변 보는 것에 어려움을 겪자 병원에 데려갔다. 병원에서는 포경수술을 제안해 1966년 4월 27일 수술이 집행되는데, 수술 중에 전류의 급증으로 한 아이의 성기가 타버리는 끔찍한 사고가 벌어졌다. 이 비극적인 사태에 대처할 방법을 절실히 찾던 라이머 부부는 머니의 인터뷰를 접했고, 지푸라기라도 잡는 심정으로 머니에게 이메일을 보냈다. 머니를 포함한 존 홉킨스 병원의 성 전문가들은 사고를 당한 브루스를 여자아이로 키울 것을 제안했고, 부부는 그 제안을 받아들인다. 브루스라는 아이의 원래 이름은, 이 사건이 있고 난 뒤, 브렌다(Brenda)로 바뀌었고, 아이는 자신이 본래 생물학적인 남자로 태어난 것을 알지 못하고 초등학교에 진학했다.

브렌다가 유급되어 두 번째로 초등학교 1학년에 머문 시기인 1972년, 미국 과학 발전 협회 연례 정기 집회가 "Sex Role Learning in Childhood and Adolescence(아동기와 청소년기에 학습된 성역할)"이라는 주제로 열렸을 때, 머니는 천 명이 넘는 과학자, 페미니스트 학생과 기자들 앞에서 자신이 맡은 쌍둥이의 사례를 발표하면서, "전폭적인 성공"[6]으로 묘사했다. 이러한 머니의 발표는 제1의 물결을 지나 개화기에 들어선 미국 페미니즘의 제2의 물결이 번져 나가는 데 이론적 근거를 제시했다.

---

5 Ibid., 34.
6 Colapinto, *As Nature Made Him*, 68.

1970년대 제2의 물결 페미니즘에 이론적 토대를 제공했고, 페미니즘의 바이블이라 불리는 *Sexual Politics*(성 정치학, 1970)를 쓴 케이트 밀렛(Kate Millet)은 문화적으로 구성된 성에 대한 주장의 근거로 머니의 1950년대 연구를 제시하고 있다.[7]

머니가 미국 과학 발전 협회 연례 정기 집회에서 발표한 다음 *Time*(타임) 매거진은 머니의 주장을 소개하면서, "이 드라마틱한 사례는 여성 해방 운동의 핵심 주장을 강하게 지지한다"[8] 라고 밝힌다. 특정 나이가 되기 전, 여자아이를 남자아이로, 남자아이를 여자아이로 키울 수 있다고 호언장담한 머니의 주장은 브렌다를 통해서 입증된 것처럼 보이며 대중들의 열렬한 호응을 누렸지만, 그의 명성은 그리 오래가지 못했다. 왜냐하면, 완전한 여성이 되었다고 자부했던 브렌다가 자기에게 주어진 성을 격렬하게 부인했기 때문이다.

14살이 되어서야 브렌다는 진실을 알게 됐고, 지난 세월 동안 자신이 고통 받아야 했던 이유를 깨닫게 된다. 브렌다는 자신의 이름을 데이빗(David)로 바꾸고 태어날 당시의 정체성을 되찾지만, 많은 우여곡절 끝에 38살에 자살이라는 비극적인 결말을 맞이한다. 데이빗의 삶이 오늘을 사는 우리에게 시사하는 바는 무엇인가? 상당 부분 젠더는 문화적으로 구성되지만, 모든 것을 문화적 구성물로 치부할 수 없으며, 인간이 가진 생물학적 특성은 존중되어야 함에 대해 곰곰이 생각해 보아야 한다.

젠더가 문화적 구성물이라는 주장을 펼칠 수 있도록 도화선을 놓은 것은 인류학자 마가렛 미드(Margaret Mead)이다. 20세기 가장 유명한 인류학자라고 할 수 있는 미드는 1931년 파푸아뉴기니(New Guinea)의 세 원

---

7 밀렛, 『성 정치학』, 81-82.
8 "The Sexes: Biological Imperatives," *Time* (Jan 08, 1973). 온라인 자료, (2024.05.08. 최종접속).
   https://content.time.com/time/subscriber/article/0,33009,910514-1,00.html
   이 기사에서는 쌍둥이가 포경수술을 받은 날짜를 1963년 10월로 보고하고 있지만, 이 책에서는 John Colapinto가 데이빗과의 직접적인 인터뷰를 통해 구성된 *As Nature Made Him*을 바탕으로 날짜를 기록했다.

시 부족(Arapesh, Mundugumor, Tchambuli)을 2년간 관찰하고, 1935년 *Sex and Temperament in Three Primitive Societies*(세 원시 사회에서의 성과 기질)를 출판한다. 아라페쉬(Arapesh) 부족은 산에 거주하는 부족이고, 먼두구모르(Mundugumor) 부족은 강 근처에 사는 부족으로 미드는 '야만적인(cannibalistic)'이란 형용사를 사용해 먼두구모르 부족을 묘사했다. 끝으로 참부리(Tchambuli) 부족은 호수 근처에 사는 부족으로 각각의 부족은 서구 문명사회와는 접촉할 기회가 없었지만, 나름의 사회를 구성하고 살아갔기 때문에 서구 문명사회와 떨어진 곳에서 사는 사람들은 어떤 성역할을 발전시켰는지를 살펴 서구 사회에서 발전시킨 성역할과 각각의 성별에 부여한 특징들이 보편적인 것인지 특정 사회에서만 통용되는 것인지 알수 있도록 하는 데 유용했다.

이 세 부족을 관찰한 미드의 보고는 이 세 부족이 서구 문명 사회에서 발전시켰던 여성과 남성에 대한 이해와는 다른 형태의 젠더 개념을 발전시켰다는 것을 알게 해 준다. 아라페쉬 부족은 여자와 남자 둘 다 현대 사회에서 여성적이라고 이해되는 모성적인 특성을 보였다. 이 부족에서 여자와 남자 모두 협력적이고, 공격적이지 않으며, 다른 사람들의 필요에 반응하도록 훈련되었다. 먼두구모르 부족은 아라페쉬 부족에서의 여자와 남자의 특성과는 아주 대조적인 태도를 발전시켰는데, 이 부족사회에서 여자와 남자 모두 현대 사회에서 훈련되지 않아 매우 폭력적인 남성이라고 평가될 법한 무자비하고 공격적인 태도를 갖도록 사회화가 이루어졌다. 참부리 부족에서는 서구 문명 사회에서 발전시킨 성별에 대한 이해와는 반대의 특성으로 여자와 남자의 특성이 구성됐다. 다시 말해, 참부리 부족의 여성은 지배적이고, 차갑고, 관리자 파트너인 반면, 남성은 덜 책임감이 있고 감정적으로 의존적인 사람으로 인식됐다.

각각의 세 부족에서의 성별에 대한 특성을 보고하면서, 미드는 "수동성, 민감성, 또는 아이를 소중히 여기려는 의지와 같은, 전통적으로 여성다움으로 이해된 기질적 태도들은 어떤 부족에서는 남성다움으로 상정될 수도 있고, 또 다른 사회에서는 여자와 남자 모두에게 금지될 수도 있는 것을 감안한다면, 우리는 더 이상 행동의 그러한 측면들이 성별(sex)과 연결된 것이라고 고려할 아무런 근거를 갖지 못한다"[9]라는 결론을 내린다. 물론 서론에서 미드는 이 연구가 여성주의를 돕고자 하는 목표를 가진 것이 아니라고 밝히지만, 미드의 이러한 주장은 전통적으로 타고난 것이라 이해됐던 여성성과 남성성을 기반으로 한 성역할을 사회적 구성물 중 하나로 이해하게 하면서 페미니스트들에게 큰 영감을 주었으며 젠더 사회화 이론의 출발점을 제공한다.

하지만 미드는 *Sex and Temperament in Three Primitive Societies*(세 가지 원시 사회에서의 성과 기질)의 1950년 서문에서 자신의 이 책을 가장 많은 오해를 받고 있는 책이라고 소개하면서, 자신이 생물학적인 성별에 차이가 없다고 믿는다고 하는 것은 사람들의 오해임을 밝힌다.[10] 미드는 1949년 *Male and Female*(남성과 여성)이란 책에서 여자와 남자의 생물학적 성별에서의 차이를 이야기하는데, 태평양 섬 문화 배경을 가진 여자 청소년들을 면담하면서, 사회화의 원천은 어른들이 이야기하는 방식에 있다고 주장한다. 미드는 자신의 연구들에서 문화의 큰 영향력에 대해서 이야기했지만, 훗날 문화를 일방적으로 강조한 것을 후회했다는 것 역시 기억해야 한다.

*Male and Female*의 1962년 서문에서 미드는 "만약 이 책을 지금 다시 쓴다면, 이전의 우리 조상으로부터 물려받은 남성의 생물학적 유산을 더 강조할 것이다"[11]라고 쓰고 있다. 미드가 젠더 사회화 이론의 출발점을 여는 큰 역할을 했지만, 미드는 여자와 남자에게 있는 생물학적 차이

9   Margaret Mead, *Sex and Temperament in Three Primitive Societies* (New York: Willima Morrow and Company, 1963 - originally published in 1935), 279-280.

10   Ibid. ix.

11   Margaret Mead, *Male and Female* (New York: HarperCollins, 2001-originally published in 1949), xxxi.

는 무시한 채 전적으로 문화적인 힘에 의해서만 여성과 남성이 구성된다고 주장한 것이 아니다. 이런 의미에서 사회적 구성물로서의 성에 대한 이해의 문을 연 미드와 "더 급진적인 젠더 개념"에 대해 우려를 표하는 드 발은 대립관계에 있는 것이 아니라 서로 조화를 이루고 있다고 봐야 옳다.

우리는 사회적 구성물로서의 젠더라는 분석의 틀을 통해서 인간을 억압하는 요소들을 알아차리고 해체할 수 있어야 하지만, 모든 것을 사회적 구성물로 주장하면서 여자와 남자의 생물학적 차이를 부정하려 하거나 여자와 남자를 같게 만들려는 시도에는 우려를 표시해야 할 것이다. 드 발은 생물학과 문화의 대립이 아니라, 이 둘이 복합적으로 작용하는 '상호 작용주의(intersactionism)'가 가장 타당해 보인다고 제안하는데,[12] 어느 것이 몇 퍼센트인지 정확히 말할 수 없지만, 현재 가진 데이터들을 살필 때 젠더는 생물학과 문화가 상호작용하여 구성된다는 입장이 가장 설득력을 갖는다.

2005년 *The Guardian*(가디언)에서 언급이 되었던 미국 하버드대학 총장인 로렌스 서머스(Lawrence Summers)의 발언을 다시 생각해 보자. 그는 자신의 딸에게 트럭을 주었더니 딸은 엄마트럭, 아빠트럭 이름을 짓고 이불을 덮어주며 놀았다는 이야기를 하면서, 여자가 수학을 못하는 것은 태생적인 남자와의 차이라고 이야기했다. 서머스의 이런 오해는 생물학적인 차이와 문화적인 차이를 연결 지어 생각하는 오류에서 비롯된 것인데, 서머스의 이야기는 내 기억 속에 잠자고 있던 한 일화를 생각나게 했다.

어릴 적 교회 친구의 아버지로부터 들었던 말인데, 그 집에는 딸만 둘이 있었다. 딸만 둘인 것이 아쉬우셨는지 친구의 아버지는 자기 딸 둘을 아들처럼 키우고 싶다는 자신의 소망이 어떻게 좌절됐는지 이야기해주셨다. 딸 둘을 씩씩하게 아들처럼 키우고 싶었던 친구의 아버지는 자신의 딸들이 어렸을 때, 인형이나 소꿉장난할 수 있는 장난감이 아니라 권

12　드 발, 『생각에 관한 차이』, 83.

총이나 트럭과 같은 남자아이가 가지고 놀법한 장난감들을 계속 사주었다고 했다. 그런데 어느 날 딸 둘이 노는 모습을 지켜보고 자신의 계획을 바꾸었노라고 이야기하셨는데, 딸 둘은 권총을 가지고 서로 겨냥하면서 노는 게 아니라 권총을 이불로 덮어서 재우고 권총이 인형인 것처럼 돌보는 놀이를 하고 있었다고 했다. 서머스의 딸이 트럭에 엄마트럭, 아빠트럭이라는 이름을 붙여 주었던 것과 비슷한 경험이다. 장난감에 대한 선호가 사회적 구성물이라면 어릴적부터 남자답게 키우려고 했던 부모님의 의도와는 다른 놀이형태를 묘사한 내 친구 자매의 경험을 설명하기에는 한계가 있다. [물론 서머스의 딸이나, 내 친구 자매 모두 태어나면서부터 자란 환경에서 여자다움과 돌봄을 연결 지어 이해하는 문화에 얼마나 노출되었는지는 정확치 않다.]

『핑크와 블루를 넘어서』의 저자 크리스티아 스피어스는 맥도날드 드라이브 스루에서 해피밀을 주문했을 때 점원과 주고받은 대화를 소개하면서 아이의 선호와는 상관없이 우리 사회에서 아이의 성별에 따라 장난감이 임의적으로 결정되는 경우를 소개한다. 해피밀 주문을 받은 점원은 스피어스에게 다자고짜 "남자아이예요, 여자아이예요?"라고 묻는다. 이에 당황해서 "네?"라고 물었을 때, 점원은 재차 "남자아이예요, 여자아이예요?"라는 똑같은 질문을 던졌다. 점원에게 "그게 왜 중요하죠?"라고 묻자, 점원의 대답은 "그걸 알아야 어떤 장난감을 넣을지 알죠"라고 답했다는 일화다. 이 경험 후, 운전해서 집으로 돌아가는 길에 "남자아이인지 여자아이인지 안다고 해서 어떻게 그 아이가 무엇을 좋아할지 알 수 있다고 생각하지? 그냥 유니콘 포니 인형을 원하는지 아니면 레고를 원하는지 물을 순 없나?"[13]라고 자문했던 경험을 들려준다.

여자아이를 위해서는 분홍색을 남자아이를 위해서 파란색 물품을 준비해 놓는 어른들로 인해 여자아이는 분홍색을 좋아하게 되고 남자아이

---

13 스피어스, 『핑크와 블루를 넘어서』, 11.

는 파란색을 좋아하게 사회화되는 경우처럼, 어른들이 임의로 여자아이들이 놀 수 있는 장난감과 남자아이들이 놀 수 있는 장난감을 분류해 놓고 아이의 성별에 따라서 임의로 여자아이에게는 인형을 남자아이에게는 로봇과 자동차를 주는 양육방식으로 아이들에게 젠더 고정관념이 더욱 강화되고 재생산된다는 주장을 하며, 아이들에게 젠더 중립적인 장난감을 제공해야 한다고 주장하는 이들도 있다. [사회적 압력에 영향받지 않고 아이 개인의 타고난 선호도를 탐색하려는 이와같은 시도는 무척이나 환영받아야 하지만, 아이의 선호도를 알기 위한 주의 깊은 관찰이 필요하다.] 젠더 평등에서 상위권 나라에 속하는 스웨덴의 한 장난감 회사에서 있었던 일은 이러한 주장이 얼마나 인기를 얻었는지 말해주는 데 충분하다.

Toys"R"Us(미국의 가장 큰 장난감 회사 중 하나)의 라이센스 보유자이면서 북유럽 최대 장난감 회사 중 하나인 탑-토이(TOP-TOY)는 2012년 "올해 크리스마스 카탈로그는 스웨덴 시장의 지배적인 가치를 반영하여 더 젠더 중립적"이 되었다고 발표했다. 다음은 그 당시 카탈로그의 일부다[14]:

14 CBC News, "Swedish Toy Company Puts Out Christmas Catalogue with "Gender Neutral" Photos," November 28, 2012. 온라인 자료: https://www.cbc.ca/strombo/news/swedish-toy-company-puts-out-christmas-catalogue-with-gender-neutral-photos (2024.06.13. 최종접속).

CBC 뉴스에 따르면, 2008년 스웨덴의 학생들은 탑-토이의 크리스마스 카탈로그가 구시대적인 젠더 역할을 그대로 반영하고 있다고 스웨덴의 규제 기관(Reklamombudsmannen-The Advertising Ombudsman)에 건의했고, 그 건의를 바탕으로 탑-토이는 "시대착오적(outdated)"이고 "편협(narrow-minded)"함을 변경하도록 개선에 대한 질책과 압력을 받았다. 탑-토이의 마케팅 디렉터는 "스웨덴 시장에서 젠더 논쟁이 강하게 일어나는 것을 배웠고, 그에 맞게 우리의 정책을 조정했다"[15]라고 밝혔다. 이러한 요구가 학생들의 건의에서 시작되었다는 부분에서 스웨덴에서 펼치고 있는 젠더 평등 교육과 사회 전반에 걸친 노력이 효과가 있다는 부분을 실감할 수 있었다.

젠더 고정관념을 깨려는 이러한 노력이 필요하며, 중요하다고 여겨지지만, 동시에 아이들의 선택은 언제나 존중받아야 함을 기억해야겠다. 크리스티나 소머스(Christina Sommers)의 "You Can Give a Boy a Doll, but You Can't Make Him Play with It(남자 아이에게 인형을 줄 수 있지만, 그 아이가 그걸 가지고 놀게 만들수는 없다)"이란 기사의 제목처럼, 우리가 남자아이에게 인형을 줄 수는 있지만, 그것을 가지고 놀지, 던져 버릴지는 전적으로 아이의 몫이다. 2018년 런던 대학의 심리학 분과 교수인 브렌다 타드(Brenda Todd) 팀에 의한 메타분석은 1~8살 사이의 어린이들(남자 787명, 여자 813명)이 장난감을 선택하는 것을 관찰한 16개의 연구를 대상으로 이루어졌다. 이 연구에서 "장난감 선택에서의 젠더 차이는 생물학적이면서 사회적인 영향에 의한 것"[16]이란 결론을 내리고 있다. 이 연구 결과에서

---

15 Christina Hoff Sommers, "You Can Give a Boy a Doll, but You Can't Make Him Play with It," *The Atlantic* December 6, 2012. 온라인자료:
https://www.theatlantic.com/sexes/archive/2012/12/you-can-give-a-boy-a-doll-but-you-cant-make-him-play-with-it/265977/ (2024.06.13 최종접속).

16 Brenda K. Todd et. al., "Sex Differences in Children's Toy Preferences: A Systematic Review, Meta-Regression, and Meta-Analysis," *Infant and Child Development* 27 (2018), 1.

의 요점을 그대로 인용해서 전달해 보자:

> 제시된 장난감의 수와 선택, 테스트의 맥락, 아이의 나이에 있어
> 서 방법론적 변화를 주었음에도 불구하고, 자신들의 젠더에 맞는 장
> 난감 선호에서 성별에서의 차이가 일관되게 나타나는 것은 이 현상
> 이 아주 강하며 거기에 생물학적인 기원이 있을 가능성을 시사한다.
> 남자 아이들이 나이들면서 남성스러운 장난감을 가지고 노는 시간
> 이 증가하는 데 반해, 여자아이들에게 동일한 패턴이 발견되지 않았
> 다는 것은 고정관념적 사회적 효과가 남자 아이들에게 더 오래 지
> 속될 수 있음을 나타내거나 남자 아이들이 특정한 놀이 스타일에 더
> 강한 생물학적 성향을 가지고 있음을 의미한다.[17]

장난감 선택이 전적으로 사회적 영향에 의한 것이었다면, 오랜 세월
젠더 평등에 대해 큰 관심을 가지고 사회 구석구석에서 젠더 평등 가치
가 강조되는 스웨덴에서 자란 아이들의 장난감 선택은 조금 달라야 할
수 있다. 한 연구에서 1993년~1995년 사이에 스웨덴에서 태어나 자란
3~5살 사이의 아이들(75명의 여자 아이들과 77명의 남자 아이들)의 장남감 목록
을 받아 분석한 연구에서 스웨덴 아이들의 장남감 선택은 다른 나라에서
자란 아이들의 선택과 크게 다르지 않음을 보고한다.[18] 젠더는 사회적으
로 구성되는 것이지만, 인간이 가진 생물학을 무시해서는 안 된다는 과
학적인 증거가 계속해서 이어지고 있다.

더 살기 좋은 사회로 나아가기 위한 논의를 펴나감에 있어서 다학제
간의 대화는 필수적이다. 다양한 분과에서 제시하는 증거들에 귀 기울이
면서, 더욱 평등한 사회를 만들기 위한 노력을 해 나가야 할 것이라 생각
한다. 젠더 평등은 여자와 남자가 같아지는 것을 의미하지 않는다. 남자
에게 앉아서 소변을 볼 것에 대한 법제정을 제안했다는 스웨덴의 한 여

---

17 Ibid., 1-2.
18 Anders Nelson, "Children's Toy Collection in Sweden: A Less Gender-Typed
    Country?" *Sex Roles* 52 (2005), 93.

성국회의원이 있었다는 이야기가 생각난다. 물론 앉아서 소변을 본다면 더 청결하고 청소에도 도움이 될 수 있다. 하지만, 이것은 개별적인 가정마다 합의에 의해서 결정할 일이지 법이 규제할 일은 아니다. 젠더 평등은 여자와 남자가 똑같아짐으로 성취될 수 있는 가치가 아님을 명심하자. 젠더 평등한 사회를 만들기 위한 정책과 제도 마련을 하는 데 있어서 우리 모두의 상상력이 더욱 요구된다. 서로의 다름을 인정하면서 어떻게 공정하고 정의로운 분배를 해 나갈 것인지 고민하는 우리가 되길 바란다.

⊞ 생각해 볼 문제

1. "One is not born, but rather becomes, woman(여성은 태어나는 것이 아니라 만들어지는 것이다)"라는 보부아르의 명제가 당신에게 의마하는 바는 무엇인가?

2. 데이빗 라이머 사건이 시사하는 바는 무엇이라 생각하는가?

3. 드 발이 말한 '더 급진적인 젠더 개념'과 상호작용주의에 대한 당신의 생각은?

제5장

Language Matters!

Language Matters!

    2023년 11월 3일, 안테나가 운영하는 유튜브 채널에 배우 박보영 씨가 등장한 영상이 주말 동안 세간의 주목을 받으며 화제가 된 뉴스[1]를 접하고 30분이 채 되지 않는 영상을 시청했다. 박보영 씨는 놀이동산에서 조카들을 태운 유모차를 밀면 사람들이 자기를 보는 대신, 아이들을 보기 때문에 많이들 자기를 알아차리지 못한다고 이야기했고, 그에 대해 유재석 씨와 조세호 씨 역시 "유모차"라는 말로 대꾸하며 대화가 이어졌다. 그런데 이런 대화가 이어질 때 자막으로 화면에 뜬 문구는 "유모차"가 아니라 "유아차"인 것이 문제의 시발점이 되었다.

    주말 동안, 이 영상의 "싫어요" 반응이 폭주하면서 누리꾼들 사이에서 때아닌 젠더 갈등이 불거진 것이다. 2023년 11월 11일자 한겨레 신문의 "유아차 논란... 낱말 하나·말 한마디에 득달같이 '페미 공격'"이라는 기사의 제목은 이 영상으로 인해 빚어진 논쟁의 요점을 엿볼 수 있도록 한다. "유모차"란 국어 표기는 "baby car"라는 영어단어를 옮긴 것이니 "유아차"로 바꿔 나가는 게 더 바람직한데도 "유모차"라고 언급할 때, "유아차"라는 자막을 내보낸 것이 그토록 사람들의 신경을 거스르고 불편함을 준 이유는 무엇일까?

    글자 하나가 달라진 것이 뭐 그리 대단한 일이라고, 득달같이 달려들

---

1 이선명, "박보영 '유모차→유아차' 자막두고 '싫어요' 테러행렬 '시끌'", 스포츠경향 2023.11.04.
https://sports.khan.co.kr/entertainment/sk_index.html?art_id=202311031805
003&sec_id=540101 (2023.12.26. 최종접속).

어 싫어요를 누른 대중의 마음은 무엇일까? 이러한 논쟁을 단순한 해프닝으로 여기고 넘어갈 수 있겠지만, 현시대의 여성운동에 대한 백래쉬의 정도를 실감할 수 있었다. 또한 평소 언어가 가진 힘에 대해서 관심이 있는 나에게, 이 논쟁은 충분히 흥미로웠다. 언어라는 것이 젠더 평등한 사회를 만들기 위해서 가장 쉽게 실천할 수 있는 분야이기도 하지만, 궁극적인 변화를 불러오기 위해서 반드시 필요하며, 또한 참으로 많은 의식적인 노력이 필요한 영역이 바로 우리 언어생활이다.

그 이유는 언어가 가진 두 가지 기능에 뿌리를 두고 있다 볼 수 있는데, 바로 반영(reflect)하는 기능과 창조(create)하는 기능 때문이다. 다시 말해, 인간이 사용하는 언어는 우리가 살아가는 사회가 어떠한지를 거울처럼 비춰주는 기능을 가졌다는 것이고, 나아가 우리가 사용하는 언어는 사회의 모습을 만들고 구성하는 기능을 가졌다는 의미다. 언어는 사회를 구성하는 강력한 도구이며, 사람들의 생각과 행동에까지 영향력을 발휘한다. 정말 그러할까? 각각의 기능을 살펴보고 우리의 언어생활을 바꿔 나가야 할 필요성에 대해서 생각해 보자.

거울이 우리의 모습을 반영해서 보여주듯, 우리가 사용하는 언어를 보면 이 사회가 어떠한지 알 수 있다고 하는데, 그 예는 무엇이 있을까? '헬조선'이라는 말을 예로 들어보자. 언제부터 이 단어가 쓰이기 시작했는지 어렴풋하지만, '헬조선'이란 '지옥'을 뜻하는 영어 단어 'hell'과 우리나라를 뜻하는 '조선'이란 단어가 합쳐져서 생긴 말이다. 한국에서 살아가는 것이 지옥에서 사는 것만큼이나 힘들다는 뜻을 전달해 주고 있다. 취업난으로 연애, 결혼, 집 사기 등의 꿈을 포기하는 '삼포 세대' 또는 포기하는 것을 셀 수 없다는 'N포 세대'는 어떠한가? 내가 자랄 때만 해도

자수성가한 사람을 일컬어 "개천에서 용이 난다"는 말을 사용하며 개인이 가진 능력으로 계급을 바꿀 수 있음을 일컫곤 했었다.

하지만, 어느새 한국 사회에서는 불평등의 심화로 개천에서 용이 나는 일은 극히 줄어들었다. 대신, '금수저, 흙수저'라는 단어가 세간에 떠오르며, 부모님의 사회 경제적 계급이 자녀에게 대물림되는 불평등한 사회의 현주소를 고발하고 있다. 이렇듯 우리가 사용하는 언어는 현시대의 모습이 어떠한지 비추어주는 반영의 기능을 가졌다. 시대에 따라서 소멸하는 언어가 있고, 새롭게 생겨나는 언어가 있는 이유도 이와 같은 맥락에서 이해할 수 있다. 예를 들어, "단일민족"이라는 표현을 생각해보자.

"우리는 단일민족이다"라는 표현을 들어본 적이 있다고 답하는 사람이라면, 그 사람은 아마도 X나 Y 세대에 속하지 않나 추측해 본다. 이 표현이 X 세대인 나에게는 익숙한 표현이지만, 현재 대학교에 다니고 있는 MZ 세대들은 이 질문 앞에서 모두 고개를 갸우뚱하며 "들어본 적이 없다"는 답을 했다. 워크맨, 마이마이, 삐삐, 공중전화 등이 '응답하라 1988'과 같은 드라마에서나 등장할 법한 기억 속의 물건들이 된 것처럼, '단일민족'이라는 표현은 변화하는 시대에 발맞추기 위해 노무현 정부 시대 때 모든 교과서에서 사라지게 된 표현 중 하나다. '단일민족'이라는 표현이 사라진 자리에 등장하게 된 새로운 표현은 "다문화"라는 표현이다.

표 1 **다문화 가구 수**

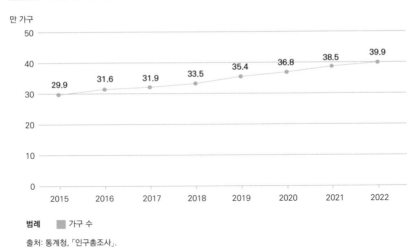

범례 ■ 가구 수

출처: 통계청, 「인구총조사」.

위 통계청의 자료에 따르면 우리나라에서 다문화 가정의 수는 2015년 29.9만 가구이던 것이 점진적으로 늘어나 2022년에는 39.9만 가구에 이르렀다. 우리나라에 외국인 노동자들이 정착하며, 또 외국인 이주자들이 한국 사람들과 결혼하여 아이를 낳고, 다문화 가정에서 자란 아이들이 이제 우리나라 군대에 입대해서 국방의 의무를 다하고 있다. 나는 2004년 8월에 미국으로 석사 과정을 하기 위해서 떠났는데, 미국에서 석사 과정을 공부하며 그 당시 접하게 된 'multi-culture'라는 표현은 나에게 꽤 신선하고 새로운 표현이었다. 내가 한국을 떠나기 전 한국 사회에서 '다문화'라는 표현은 쉽게 접할 수 있는 단어가 아니었기 때문이다.

미국에 있으면서 방학을 이용해 1년 또는 2년에 한 번 정도 가족 방문을 위해서 한국에 오곤 했는데, 2008년쯤이였던 것으로 기억한다. 인천공항에 내렸을 때 커다란 전광판에 다문화라는 핵심 문구를 넣은 광고문을 볼 수 있었고, 한국에 머물면서 시청하던 TV에서 공익광고협의회에서 제작하여 방영하는 다문화 가정에 대한 광고도 접할 수 있었다. 변화된 사회의 모습으로 인해 새롭게 등장한 '다문화'라는 용어는 한국 사람들에게 그렇게 친숙한 용어가 되어가고 있었다. 이렇듯 언어는 사회의 모습을 반영하며, 사회의 문화를 엿볼 수 있도록 하는 창과 같은 역할을 한다.

그렇다면 각 나라에서 흔히 사용되었다는 다음 표현들은 그 사회의 어떤 모습을 보여주고 있는지 생각해 보고 논의를 이어가도록 하자:

- 침묵하는 여성이 지껄이는 여성보다 낫다. (이탈리아)
- 침묵은 여성의 가장 아름다운 보석이지만, 그런 보석을 지닌 여성은 드물다. (영국)
- 여성이 말하는 것을 잊기를 기다리기보다는 나이팅게일이 노래하는 것을 잊기를 기다리는 것이 빠르다. (스페인)
- 여성의 입을 열게 하기 위해서 수천의 방법이 있지만, 여성의 입을 다물게 하는 방법은 전혀 없다. (프랑스)
- 여성은 긴 머리카락과 그것보다 긴 혀를 가진 동물이다. (러시아)
- 소리 없이 고통받고 죽는 소녀는 고결하다. (인도)
- 좋은 아내, 부상당한 다리를 가진 자, 그리고 찢어진 바지 한 벌은 집에 머물러야 한다. (네델란드)
- 수치스러운 여자만이 남자를 법정에 데리고 간다. (우간다)
- 여자는 묻고, 남자는 답한다. (아랍과 다수의 많은 나라들)

▶ 더 진행하기 전, 이 표현들이 반영하고 있는 사회 모습은 무엇이라고 생각하는지 답해 볼 바란다.

_____

_____

_____

_____

_____

위의 표현들은 가부장적 가치를 반영하는 표현들이다. 이 표현들 저변에는 여성에 대한 가치를 평가절하고 여성의 목소리는 귀 기울일 가치가 없다는 가부장적 가치가 똬리를 틀고 있는 것이다. 여자의 침묵을 덕목으로 격려하면서 여자가 말하지 않을 것을 종용하고 있다. '비정상회담'이나 '미녀들의 수다'라는 TV예능 프로그램의 제목들도 한번 생각해 보자. 패널의 대다수가 남자로 구성된 프로그램의 제목은 "회담"이란 말을 통해 "수다"보다는 좀 더 공식적이고 중요한 대화를 하는 것처럼 전달되고 있지는 않은지 생각해 봐야 할 일이다.

나아가 영어든 독일어든 한국어든 인간의 언어는 무척이나 가부장적인 사회 가치가 반영되어 성차별적이다. 이러한 사실은 여성주의가 발달하던 미국에서 출판된 *Sexist Language*(1980)라는 책 제목을 통해서도 알수 있다. 영어는 세계에서 가장 많이 사용되는 공용어인데, 사회 언어학자들은 영어가 여성 젠더에 비하여 남성 젠더에 더 호의적이란 것을 많은 연구들을 통해서 주장해 왔다.[2] 영어에서 인간 모두를 지칭할 때 아무런 거리낌 없이 "man" 또는 'mankind'라는 단어를 사용해서 일컬을 때가있었다. 'man'이나 'mankind'가 아니라 'human being'으로 'humankind'로 사용할 때 인류의 절반을 차지하는 여성까지도 소외시키지 않고 포함할 수 있다.

"뭐 이런 사소한 것으로 예민하게 구느냐?"는 반응을 보일 수 있을지 모르지만, 이러한 것이 이상하게 여겨지지 않는 현상은 남자가 기준이 된 삶이 너무나 자연스럽게 당연한 것으로 여겨졌기 때문은 아닌지돌아봐야 할 것이다. 영어에서 '경찰'을 뜻하는 'policeman'이나 소방관을 뜻하는 'fireman'을 'police officer'와 'fire officer'로 '영업사원'을 뜻하는 'salesman'을 'sales person'으로 바꾸어 사용하려는 노력을 꾸준히 이

---

2 Nneka Umera-Okeke, "Linguistic Sexism: An Overview of the English Language in Everday Discourse," *Afrrev Laligens* 1 (2012), 5.

어오고 있는 이유는 언어와 인간의 문화와 삶은 아주 긴밀하게 연결되어 있음을 알기 때문이다.

한자는 어떠한가? 어수선할 '탄(嘆),' 미워할 '기(娸),' 시기할 '해(妎),' 방해할 '방(妨)'을 예로 들어보자. 이 단어들의 공통점은 계집 '녀(女)'를 부수로 하고 있다. 부정적인 의미를 가진 단어들이 여자를 뜻하는 부수를 사용하고 있다는 것은 한자에 깃들여져 있는 성차별적 요소를 엿보게 한다. 우리나라가 사용하는 한국어에 숨어있는 가부장성은 어떤 것이 있을까? 한국어에서도 언제나 기준은 남자임을 알 수 있다. 초등학교 다닐 때, 남학생의 번호가 1번으로 시작하는 것을 당연하게 여긴 것처럼, 남성이 기준이며 여성은 보조적인 역할을 하는 것으로 받아들이는 문화가 언어에서도 쉽게 찾을 수 있다. 그 대표적인 예로, 여자와 남자가 상보적인 관계를 이루는 단어의 쌍은 항상 남자가 앞에 온다[여기에서 이 책을 집필하면서 나는 내내 이 상보적 관계에 있는 용어를 언급할 때 의도적으로 여자를 앞에 넣은 것을 알아차렸는지 모르겠다]. 다음의 표현을 예로 들어보자:

> 남녀(男女), 남존여비(男存女悲), 부모(父母), 부부(夫婦), 소년소녀(少年少女), 신랑신부(新郞新婦), 장인장모(丈人丈母), 형제자매 (兄弟姊妹), 남매(男妹), 오누이, 이도령과 성춘향

그런데 참 이상하게도 여자와 남자가 상보적인 관계를 이룰 때 여자가 남자를 앞서는 경우가 있는데, '자웅(雌雄),' '암수'의 경우처럼 동물을 뜻할 때나, 계집종과 사내종을 일컫는 '비복(婢僕)'이란 말에서는 여자가 남자를 앞서고 있다. 부정적이고 비천한 사람인 종을 뜻할 때는 여성을 앞세우고 있는 것을 보며 헛웃음이 나온다. 그리고 '연놈'이라는 부정적

인 의미가 담긴 욕을 사용할 때 역시 여자가 앞서고 있는 표현을 사용하는 것은 상보적 관계를 맺은 대부분의 표현에서 여성이 뒤에 위치한 것을 미루어볼 때, 굉장히 여성 폄하적인 사고를 반영하고 있다고 보는 것이 타당하다 생각된다.

여성 차별과 혐오를 바탕으로 만들어진 단어를 사용하면서, 여성을 존중하고 함께 살아갈 동역자로 생각할 수 있을까? 차별적인 언어를 사용하고 있기는 하지만, 난 상대를 존중한다고 하는 말은 거짓말이기 쉽다. 왜냐하면 우리의 정신은 언어와 긴밀하게 연결되어 있기 때문이다. 언어가 우리의 인식에 주는 영향에 대한 연구는 벤자민 워프(Benjamin Lee Whorf)를 시작으로, 버클리 캘리포니아 주립대학의 심리학 언어학 교수인 댄 슬로빈(Dan Isaac Slobin)으로 이어져, 현재 샌디에고 캘리포니아 주립대학에서 인지 과학 분과의 교수로 있는 레라 보로디츠키(Lera Boroditsky)로 이어지고 있다.

워프는 1956년 각 언어에서의 범주와 구분이 우리가 인식하고 분석하고 행동하는 방식에 깔려있다고 제안하면서, 사용하는 언어가 다르다면, 말하는 사람들은 객관적으로 비슷한 상황에서 다르게 인식하고 행동할 것이라고 주장했다.[3] 그의 이러한 주장을 시작으로 언어가 사람이 인지하는 방식에 영향을 주는 방식에 대한 연구는 심화됐고, 1996년 슬로빈은 "From 'thought and language' to 'thinking for speaking'"('사고와 언어'에서 '말하기를 위한 사고'로)를 통해 사고와 언어가 밀접하게 연관이 있음을 주장한다. 슬로빈에 따르면, "우리는 특정 언어 안에서만 서로를 이해할 수 있다. 우리가 어린 시절 배운 언어는 객관적 실체에 대한 중립적인 코딩 체계가 아니다. 오히려, 언어는 인간의 경험에 대한 주관적 경향성이

---

3   Benjamin Lee Whorf, *Language, Thought, and Reality: Selected Writings of Benjamin Lee Whorf*, ed. J.B. Carroll. (Cambridge, MA: MIT Press, 1956), Lera Boroditsky, Lauren A. Schmidt, and Webb Philips, "Sex, Syntax, and Semantics," in *Language in Mind: Advance in the Study of Language and Thought*, ed. Dedre Gentner and Susan Goldin-Meadow, (Cambridge, MA: MIT Press, 2003), 61에서 재인용.

며 이러한 경향성은 우리가 말하는 동안 우리의 생각하는 방식에 영향을 미친다."[4] 워프와 슬로빈의 연구를 바탕으로 보로디츠키를 포함한 연구 팀들은 데이터를 모으고, 모아진 데이터를 바탕으로 인간이 사용하는 언어가 우리의 사고 방식에 미치는 영향은 밀접한 관계가 있음을 제시하는데, 참으로 흥미롭다.

이들은 명사에 성별을 지정하는 언어를 사용하는 사람들의 생각에 언어는 어떻게 영향을 주었는지 성별을 지정하는 언어를 사용하는 사람들을 대상으로 연구했다. 우리나라 말은 해당하지 않지만, 히브리어, 헬라어, 독일어, 스페인어 등 다양한 언어들은 명사 단어들마다 성별을 지정한다. 여성 명사나 남성 명사로 분류되는 것들이 있는가 하면, 중성 명사도 있다. 예를 들어 '태양'이라는 명사는 독일어에서는 여성 명사로, 스페인어에서는 남성 명사로 명명하고 있다. '달'은 독일어에서는 남성 명사지만, 스페인어에서는 여성 명사로 이해된다. 이렇게 달리 명명된 명사의 성별은 사람들이 객관적 실체인 태양이나 달을 인식하는 사람들의 사고 방식에 어떤 영향을 줄까?

	스페인어	독일어
	남성 명사	여성 명사

4　Dan Isaac Slobin, "From "Thought and Language" to "Thinking for Speaking"," in *Rethinking Linguistic Relativity*, eds. John J. Gumperz and Stephen C. Levinson (Cambridge, United Kingdom: Cambridge Univerity Press, 1996), 91.

	여성 명사	남성 명사

브로디츠키와 동료들은 독일어와 스페인어에서 성별 지정이 반대인 명사 24개를 뽑았고, 독일어와 스페인어를 태어나면서부터 사용한 사람들이지만 영어를 상당히 잘하는 사람들을 대상으로 각각의 명사에 해당하는 물체를 보고 떠오르는 형용사 세 가지를 영어로 적도록 했고, 그 형용사들을 분석했다. 젠더를 지정한 언어는 사람들의 인식에 어떻게 영향을 주었을까? 한 물건을 보고 독일어를 사용하는 사람들과 스페인어를 사용한 사람들이 연관 짓는 형용사가 상당히 대조를 이루는 것은 참으로 흥미롭다.

예를 들어 독일어로 "열쇠(key)"라는 명사는 남성 명사지만, 스페인어에서는 여성 명사로 분류된다. 독일어를 사용하는 사람들은 열쇠와 연관 지을 수 있는 형용사로 "hard, heavy, jagged, metal, serrated, useful"를 손꼽은 데 반해, 스페인어를 사용하는 사람들은 "golden, intricate, little, lovely, shiny, tiny" 등의 형용사를 떠올렸다.[5] 또한 독일어에서는 여성 명사이고 스페인어에서는 남성 명사인 '다리(bridge)'라는 명사를 제시했을 때 사람들이 떠올린 형용사 역시도 상반적이었는데, 독일어를 사용하는 사람들의 경우 "beautiful, elegant, fragile, peaceful, pretty, slender"라는 형용사를 떠올린 반면, 스페인어를 사용하는 사람들은 "big, dangerous, long, strong, sturdy, towering" 등의 형용사를 떠올렸다고 한다.[6]

---

5 Lera Boroditsky, Lauren A. Schmidt, and Webb Philips, "Sex, Syntax, and Semantics," 70.
6 Ibid., Boroditsky의 "How Language Shapes the Way We Think"라는 제목의 TED

사람들이 떠올리는 형용사들은 그 언어가 부여한 성별과 맥을 같이하는 형용사들임을 고려할 때, 열쇠나 다리와 같은 객관적인 물체를 떠올리면 스페인어를 사용하는 사람들과 독일 사람들이 사용하는 사람들이 각기 제법 다른 형용사를 떠올리는 것은 이들이 사용한 언어가 부여한 젠더에 기반을 두고 있다고 추정하는 것은 굉장히 설득력이 있다. 언어는 우리가 생각하는 것보다 훨씬 더 강력하게 인간의 사고에 영향력을 주고 있음을 기억하자.

	스페인어	독일어
	여성 명사	남성 명사
	beautiful, elegant, fragile, peaceful, pretty, slender	hard, heavy, jagged, metal, serrated, useful

2011년 연구에서 브로디츠키는 글을 쓰는 방향이 사람들의 시간 관념을 구성하는 방식에도 영향을 미침을 보여준다. 연구 참여자들에게 늙어가는 인간의 모습이나 악어가 나이 들어가는 여러 장의 사진을 보여주며 시간 순서대로 나열하기를 요청했을 때, 왼쪽에서 오른쪽으로 글을 쓰는 사람들은[우리나라가 여기에 속한다] 사진을 배열할 때 가장 왼쪽에 어릴적 사진을 배열하고, 가장 오른쪽에 가장 최근의 사진을 놓지만, 히브리어나 아랍어처럼 오른쪽에서 왼쪽으로 글을 쓰는 사람들이라

Talk에서도 확인할 수 있다. TEDWomen (2017), 온라인 자료: https://www.ted.com/dubbing/lera_boroditsky_how_language_shapes_the_way_we_think?audio=en&language=en

면 사진의 배치는 반대가 된다.[7] 중국어를 말하는 사람들은 영어를 사용하는 사람들에 비해 시간을 수직적으로 표현하고 이해한다고 하는 데이터를 해석하면서, 사람들은 자신이 사용하는 언어를 기반으로 보거나 만질 수 없는 시간이란 개념을 이미지화시켜 이해하게 된다고 이야기한다.

우리의 언어는 우리의 사고와 세상을 이해하고 바라보는 가치관 형성에 큰 영향을 미친다. 그렇기 때문에 외국어를 공부하는 것은 단순히 언어를 습득하는 것을 넘어서 다른 방식으로 사고하는 법을 배우고 익혀나가는 첫 걸음이라 할 수 있다고 말하는 이들도 있다. 나아가, 언어는 우리의 행동에까지 영향을 미칠 수 있는 강력한 도구다. 차별적이고 불평등한 언어를 사용하면서, 가부장적인 가치에 뿌리를 둔 단어를 사용하면서 우리의 인식이 젠더 평등적으로 바뀌기를 바라는 것은 콩을 뿌리고 팥을 거두기를 바라는 것처럼 허황하다 할 수 있다. 내 모습을 반영해 주는 거울처럼 언어는 수동적으로 세상의 모습을 반영하는 것이 아니라, 나의 가치관을 구성하고 세상을 변화시킬 수 있는 능동적인 힘을 가졌다. 언어가 가진 이러한 힘 때문에 2023년 여름 후쿠시마 오염수를 방류하겠다는 일본의 결정을 놓고, 정치권에서 "오염수"냐 "처리수"냐를 놓고 한참의 공방이 벌어졌던 것은 아닐까 생각해 본다.

일본 정부 입장이라면 "처리수"로 불리길 바라겠지만, 그 외 바닷물을 공유하고 있는 세계 모든 나라는 "오염수"로 명명하는 것이 당연하지 않을까? "후쿠시마 처리수를 바다에 방류했다"라고 했을 때와 "후쿠시마 오염수를 바다에 방류했다"고 하는 신문 기자 헤드라인을 접했을 때 당신의 마음속에는 어떤 느낌이 드는가?

---

7 Lera Boroditsky, "How Languages Construct Time," in *Space, Time and Number in the Brain: Searching for the Foundations of Mathmatical Thought*, eds. S. Dehaene and E. Brannon (Cambridge, MA: Elsevier Academic Press, 2011), 338.

신문 기사 제목	당신의 느낌이나 생각
후쿠시마 오염수를 바다에 방류했다	
후쿠시마 처리수를 바다에 방류했다	

　같은 대상물을 다른 이름으로 명명할 때, 다르게 느껴지는 바가 있는가? "오염수"라고 할 때 바다가 오염되고 결국 바다 생태계가 파괴될 것에 대한 경각심을 불러일으키지만, "처리수"라고 했을 때는 무언가 안전장치와 정화작용을 거쳐 바다에 내보낸다는 마음을 갖게 하는 결과를 초래한다. 무엇을 느끼느냐는 다음 우리가 어떤 행동을 하느냐와도 밀접한 연관이 있다. 위험 의식을 느낀 시민들은 항의하고 변화를 촉구하기 위한 압력을 가할 수 있겠지만, 안도감을 느꼈다면 변화를 위한 어떤 시도도 하지 않을 것이다. 다음 세대에게 더 안전하고 깨끗한 세상을 물려주는 것과 함께 그들의 먹거리 안전을 보장하는 것이 우리 세대에게 주어진 책임이란 것을 생각한다면, 바른 명칭을 선택해 사용하려는 움직임에 힘을 보태는 것은 우리 세대에게 주어진 책임 중 하나라고 할 수 있다.

　환경운동 단체들에서 역시 환경 보호를 위한 사람들의 행동을 이끌기 위해서 언어를 바꾸는 작업부터 하는 이유가 여기에 있다. 올해 여름도 얼마나 더울지 걱정이 된다. 언제부터인지 한국의 여름이 동남아시아 중 한 국가인 것처럼 습기가 많고 고온이 지속되고 있다. 그 이유 중 하나는 지구 가열화를 통한 기후 위기 때문이다. 예전에 흔히 사용하던 "지구 온난화" 대신 "지구 가열화"라는 단어를 사용하고, "기후 변화"가 아니라 "기후 위기"라는 단어를 사용할 때 당신에게 다가오는 느낌은 어떤가? "기후 변화"와 "지구 온난화"라는 단어는 긍정적으로 받아들여지는 경향이 있어서, 사람들로 하여금 기후 위기의 심각성을 깨달아 다른 행동을 끌어내는 데 충분하지 않다. 반면, '지구 가열화'나 '기후 위기'라는 용어는 위급성과 심각성을 알리는 데 더 효과적이라 할 수 있다. 언어는 문자로만 머물지 않고 우리의 생각에 큰 영향을 미치며, 궁극적으로 행동까지 끌어내는 큰 힘을 가지고 있다.

이런 의미에서 국내 공립고등학교의 교가와 학교의 교훈을 조사하여 그 내용들이 어떠한지를 분석하여 글을 써낸 김민섭의 『훈의 시대(2018)』는 참 의미 있는 일로 여겨진다. 이 책에는 2018년 교육부 홈페이지에 공시대상학교 목록을 바탕으로 149개 공립여자고등학교와 168개 공립남자고등학교의 교가와 교훈이 무엇인지 살펴 어떤 내용을 강조하고 있는지 보기 좋게 정리하고 있다. 김민섭은 어떤 유행가도 교가만큼 자주 불리지 않을 것이라고 이야기하면서 교가가 학생들에게 발휘하는 힘에 관해서 이야기한다. "그것들은 별거 아닌 것으로 치부하고 잊더라도, 결국 삶의 태도를 결정짓는 여러 준거들 중 하나로 작용하게 된다. 어린 시절의 단어와 문장 하나가 개인에게 미치는 영향은 무척 크다"[8]고 진술하면서, 자녀가 다니는 학교의 교가와 교훈에 관심을 가지는 것은 부모님들의 책임 중에 하나라고 제안한다.

'순결'과 '정숙'이라는 단어가 1960년대 세워진 여자고등학교들의 교훈에 자주 등장했지만, 2000년대 이후로는 교훈으로 채택되지 않고 있

---

8 김민섭, 『훈의시대: 일, 사람, 언어의 기록』 (서울: 미래엔, 2018), 36.

다는 보고는 참으로 반가운 일이라 할 수 있다. "반복되는 단어들은 그에 노출된 이들에게 의미를 사유할 여유를 주지 않고 그대로 각인되어 버린다"[9]고 이야기하면서 교훈과 같은 '훈'은 기계적이고 폭력적일 수 있다는 김민섭의 주장은, 젠더 박스가 우리를 가두고 진정한 자기가 되는 것에 걸림돌이 되는 것처럼 언어 역시 우리의 존재를 가둘 수 있는 기제로 작용할 수 있음을 지적하고 있는 것이다. 김민섭은 『훈의 시대』에서 강화여고와 원주여고의 사례를 소개한다.

1945년 설립된 원주여고는 "참된 일꾼, 착한 딸, 어진 어머니"를 교훈으로 하고 있다. 2013년 개교 66년을 맞아 교훈 개정에 대한 설문조사 결과 901명이 찬성했고, 반대는 402명으로 찬성 의견이 배를 넘는 호응을 얻었지만, 결국 교훈을 바꿀 수 없었는데 당시 그 과정이 벌어지던 때의 교감이셨던 김병철 선생님과의 인터뷰를 통해 이유를 들어보자: "1회, 2회, 3회 졸업생들, 그러니까 우리가 왕언니라고 부르는 분들이 찾아왔습니다. 68회가 졸업했으니까, 1회 졸업생들은 85세가 된 거지요. 이분들이 내 눈에 흙이 들어가기 전에는 교훈을 바꿀 수 없다고 반대를 했어요. 하하. 그리고 동문회에서 이걸 허락하지 않은 거예요."[10] 만장일치로 교훈 변경에 대해 반대한 총동문회의 결정을 전달하면서 「강원일보」는 "시대가 변해도 교훈은 변하지 않는 학교의 긍지이며 전통"이란 것과 "전통은 지켜왔기 때문에 전통이며 지켜가기 때문에 전통"이라고 강조했다.

이런 원주여고의 예와는 상반되게, 1955년 개교한 강화여고는 교가 후렴구에서 반복되던 "여자다워라"라는 부분을 학생회의 건의를 받아들여, '교가 가사 공모전'을 개최했고, "지혜로워라"와 "은수(은처럼 맑은 물) 되어라"로 어렵지 않게 바꿀 수 있었다. 2017년 김민섭 작가가 강화여고

---

9 앞의 책, 35.
10 앞의 책, 87.

교정을 걸으면서 큰 바위에 새겨진 "여자다워라, 여자다워라"라는 훈을 봤다고 적기는 했지만, 큰 바위에 새겨진 교훈이 바뀌는 것은 시간 문제라 여겨진다. 전통 유지와 변화 중 당신은 어느 쪽을 지지하는가? 평등하고 평화로운 세상을 살아가기를 원한다면 언어에 숨어있는 가부장성을 깨닫고, 우리가 사용하는 언어들을 바꾸어가야 한다. 그러기 위해서 다음과 같은 언어의 수정을 제안한다:

남녀평등 → 젠더 평등
자궁(子宮) → 포궁(胞宮)
저출산 → 저출생
수유실 → 육아 쉼터
맘카페 → 키즈 카페
유모(乳母)차 → 유아(乳兒)차

각 단어가 갖는 의미를 곰곰이 생각해 볼 수 있길 바라며, 이러한 언어의 변화를 불러왔을 때 사람들의 인식과 행동에는 어떤 변화들이 일어날 수 있는지 깊이 생각해 볼 수 있길 바라본다. 이와 같은 요지를 전달하는 수업을 들은 한 학생은 다음과 같은 보고서를 제출했다: "자궁의 '자(子)'는 원래 아들 '자(子)'를 쓴 것이 아니라 자식 '자(子)'를 쓴 것입니다. 여성의 이름인 미자, 순자, 말자 등 여성의 이름에 '자'도 아들 '자(子)'가 아니라 사람 '자(子)'인 것입니다. 그러므로 '자궁'이란 말에 남성우월주의가 뿌리에 있음을 논하는 것은 피해망상증 수준이라 생각합니다." 이 학생의 보고서를 읽으며 숨이 턱 막혔다. 아들 '자(子)'라는 글자가 여성과 남성 모두를 일컫는 사람으로 이해될 수 있다는 것은 너무나 당연하며, 이에 대해 이의를 제기하는 것은 피해망상이라고 주장하는 것이야말로 남성우월주의적인 생각임을 깨닫지 못하는 학생의 의견을 들으며, 언어

속에 깃들어져 있는 남성우월주의가 얼마나 자연스럽게 사람들의 생각과 삶 속에 녹아 있는지 다시 한번 느낄 수 있었다.

우리가 사용하는 언어를 바꾸지 않으면서, 문화와 사회가 변화하여 더 나은 세상이 오기를 바라는 것은 어불성설이다. 언어는 세상을 비추기도 하고, 바꿀 수 있는 힘을 가졌다. 하나님께서 세상을 말씀으로 창조하셨다는 창세기의 성경 말씀 역시 언어가 가진 힘을 전달하고 있는 것은 아닐지 다시금 생각해 보게 된다. 더 나은 세상을 원한다면, 내가 사용하는 언어를 뒤돌아보고 언어를 바꿀 수 있어야 한다. 그런데, 언어의 변화는 생각의 변화를 따라오지 못할 때가 많다. 생각이 언어보다 쉽게 바뀐다는 이야기다. 이 책을 읽는 사람들 중에 여자와 남자가 성별에 상관없이 동등하고 존중받아야 한다고 생각하지 않는 사람은 그리 많지 않을 것이다. 그렇지만 아직 우리가 사용하는 언어는 우리의 생각을 반영해주지 못하고 있다. 더 나은 세상을 희망한다면 성평등한 언어 사용에서부터 시작해 보자. 무엇보다 젠더 평등한 가정을 꾸리기를 소망한다면, 연예인이 "유모차"라는 발언을 했을 때, "유아차"라는 자막을 내보낸 방송에 대해서 "싫어요"가 아니라 "좋아요"로 반응해야 마땅하지 않나 하는 생각이다.

1. 졸업한 고등학교의 교훈과 교가에서 강조된 가치는 무엇인가?

2. 원주여고와 강화여고에서 있었던 일을 보고 떠오르는 생각은 어떠한가?

3. 당신이 자주 사용하는 언어는 어떠한가?

4. 언어가 가진 창조의 힘을 고려할 때, 나의 미래를 위해서 바꾸고 싶은 언어 생활에는 어떤 것들이 있는가?

5. 인간의 언어는 가부장적인 가치에 기반을 둔 사회 모습을 반영해 주고 있다. 성평등한 사회로 만들어 가기 위해 사용하기 희망하는 언어가 있는가?

제6장

젠더 기반 폭력
(Gender-Based Violence)

젠더 기반 폭력
(Gender-Based Violence)

2015년은 세계의 평화와 번영을 목적으로 세워진 국제기구인 유엔 (United Nations)의 설립 70주년을 맞은 해였다. 뉴욕에서 열린 70회 유엔 총회에는 193개 국가가 참여하였고, 2030년까지 지속 가능한 발전을 위한 아젠다(The 2030 Agenda for Sustainable Development)를 발표했다.[1]

| 그림 1 지속 가능한 발전을 위한 아젠다

이는 17개의 구체적인 목표들을 제시하는 것으로, 이렇게 광범위한 보편적 정책 의제들에 세계 지도자들이 공동의 행동과 노력을 약속한 것은 전에 없었던 일이기 때문에 UN총회에서 다양한 세계 지도자들의 합의를 끌어냈다는 것은 참으로 의미 있는 일이라 할 수 있다. 서문에서 "이 아젠다는 사람, 세상, 그리고 번영을 위한 실행 계획"[2]임을 밝히면서,

---

[1] United Nations, *Transforming Our World: The 2030 Agenda for Sustainable Development* (2015).

[2] Ibid., 5.

참여국 모두가 2030년까지 17가지 목표를 실현시키기 위해 노력하겠다는 약속을 한 것이다. 지속가능한 발전 목표는 언어와 문화는 다르지만, 다음 세대에게 물려줄 더 좋은 세상을 만들기 위해서 전 지구 시민들이 어떤 실천을 해야 하는지 알려주는 나침반과 같은 역할을 한다고 할 수 있다.

가난과 굶주림을 종식하고, 건강한 삶과 웰빙을 증진하며, 교육의 기회를 확대하자는 목표 다음으로 다섯 번째 합의된 의제는 젠더 평등(gender equality)이다. 다섯 번째 목표를 그대로 옮겨보면, "젠더 평등(gender equality)을 달성해서 모든 여성과 여자아이들의 역량개발을 이루자"[3]는 것이다. 비록 다섯 번째 자리 잡고 있지만, 젠더 평등은 17개의 지속 가능한 발전 목표 전체를 관통하는 선행조건과 같다고 이해해야 한다. 그러므로 "지속 가능한 발전 목표들을 실행하고 모니터링하면서 젠더 평등 관점을 체계적으로 주류화하는 것은 결정적이다."[4] 왜냐하면, 가난과 기아를 뿌리 뽑고, 모든 인간의 번영과 평화적 공존을 위해서 성별, 국적, 그리고 피부색에 상관없이 모두가 가진 존엄성을 존중하는 것은 가장 기초적인 출발점과 같기 때문이다. 한 팀에서 모두가 협력하지 않는다면 경기에서 이기는 것을 기대할 수 없는 것처럼, 젠더 평등 관점은 더 살기 좋은 세상을 만들기 위한 지속가능 발전 목표를 관통하고 있다고 봐야 한다.

UN에서의 여성 인권에 대한 관심은 1946년 UN 내에 Commission of the Status of Women(여성지위위원회, CSW)이 생겨나면서부터였다. 이후 성평등을 위한 법제화를 추구(1947~1962)하고, 세계가 발전해 가는데 여성의 참여를 권장(1963-1975)했으며, 여성지위위원회와 UN은 1976년부터 1985년까지를 '여성을 위한 십 년'으로 설정했다. 수많은 사람들은 십 년에 걸쳐 국제적 여성운동과 여성 이슈가 지구적 아젠다가 되게 하려고

---

3   Ibid. 18.
4   UN Women, *Why Gender Equality Matters Across All SDGS* (USA: UN Women, 2018), 4.

노력했다. 이러한 노력과 헌신을 통해서 여성의 인권은 조금씩 회복되었고, 새로운 인식의 전환이란 큰 결과를 가져왔다. 인식의 전환이란, 세계가 발전하고 여성의 인권이 회복되어 가면서, 발전은 여성 없이는 불가능하다는 인식의 전환이었다.[5] 여성의 인권 회복은 남성들의 양보와 희생으로 인해 이루어졌다고 하기보다는, 수많은 여성들의 투쟁과 희생으로 이루어졌다고 봐야 한다. 지속적인 발전을 해온 인류 역사의 구석구석에는 여성의 희생이 부재한 곳을 찾아볼 수 없다. 남자가 이루어 놓은 발전에 기대어 살아가는 잉여 인간으로서 여성이 아니라, 발전을 함께 일궈낸 동반자로서의 여성을 인지할 수 있는 인식의 개선이 이루어진 것은 큰 성과라 할 수 있다.

1979년 12월 18일, 여성 인권을 보호하고 여성에 대한 차별에 맞서기 위한 최초의 국제적 수단인 "Convention on the Elimination of All Forms of Discrimination against Women(여성에 대한 모든 형태의 차별 철폐에 관한 협약, CEDAW)"이 유엔 총회에서 채택된 것은 세계 여성 인권을 위해 큰 발걸음을 내딛는 계기가 되었다. [CEDAW는 위원회를 가지고 있어, 해당 국가들은 4년마다 보고서를 제출해야 할 의무를 갖고, 위원회는 제안점들을 포함하여 결론적 보고서를 발행한다.] 이후 1986~1995년 '여성'은 지구적인 아젠다로 놓이게 되는데, 1993년 "Declaration on the Elimination Violence against Women(여성폭력 근절 선언)"이 선포된다.

이 선언에서는 여성에 대한 폭력(Violence against women)이란 "여성에게 신체적, 성적, 또는 심리적인 피해나 고통을 초래하거나, 초래할 가능성이 있는 젠더 기반 폭력 행위를 의미하며, 공적이든 사적 생활에서든 그러한 행위에 대한 위협, 강압 또는 자의적인 자유 박탈을 포함"[6]하는 것

---

5   UN Women, *A Short History of the Commission on the Status of Women* (New York: UN Women, 2019), 9.

6   United Nations, "Declaration on the Elimination of Violence against Women," (20 December 1993), 온라인 자료.
    https://www.ohchr.org/en/instruments-mechanisms/instruments/declaration-

이라 정의한다. 1995년 9월, UN의 4차 여성회의는 중국 베이징에서 소집됐고,[7] 여기에서 "Beijing Declaration and Platform for Action(베이징 선언 및 행동 강령)"이 선포된다. 베이징 선언은 지구 공동체가 국내적으로나 국제적인 정책과 모든 프로그램에 젠더 관점을 반영하겠다는 약속이다. 행동 강령을 통해서 국내적으로나 국제적으로 중요한 부분에서 여성의 지위 향상을 측정할 수 있는 기준이 마련되었다는 것은 큰 의의라 할 수 있다. 2025년은 베이징 선언 및 행동강령이 발표된 지 30주년이 되는 해인데, 1995년 이후 얼마나 성장이 있었을지에 관심을 갖고, 향후 발전을 위해서 온 인류는 함께 노력을 기울여야 할 것이다.

표 1 **여성에 대한 폭력을 근절하기 위한 국제적 움직임**

시기	내용
1946년	UN 내에 여성지위위원회(Commission of the Status of Women-CSW) 설립
1947~1962	성평등을 위한 법제화 추구
1963~1975	여성의 참여 권장
1976~1985	**UN의 여성을 위한 십 년**
1979년12월28일	"Convention on the Elimination of All Forms of Discrimination against Women(여성에 대한 모든 형태의 차별 철폐에 관한 협약-CEDAW)" 체결
1986~1995	**'여성'은 지구적 아젠다가 됨**
1993년	"Declaration on the Elimination Violence against Women(여성폭력 근절 선언)"이 선포
1995년	Beijing Declaration and Platform for Action(베이징 선언 및 행동 강령)"이 선포

elimination-violence-against-women (2024.05.01. 최종접속).
7 1차 World Conferece on Women은 멕시코(Mexico City)에서 1975년, 2차는 1980년 덴마크(Copenhagen)에서, 3차는 케냐(Nairobi)에서 열렸다.

여성에 대한 폭력 근절을 위한 노력이 필요한 이유는 여전히 세계적으로 성폭력의 50%가 16살 이하의 여자 아이들에게 일어나고, 6억 3백만 명의 여자들이 가정폭력이 범죄로 인정되지 않는 나라들에서 살고 있으며, 70%의 여자들이 평생에 걸쳐 어느 순간에 신체적이거나 성적인 폭력을 경험하고 있기 때문이다.[8] 미국에서 흑인 남자로 태어나면, 다른 민족으로 태어난 것보다 자연사로 죽게 되는 가능성이 낮은 것처럼, 단지 여자로 태어났다는 이유만으로 폭력에 노출될 가능성이 훨씬 높은 세상에서 우리는 살고 있는 것이다. 태어나기도 전에 여자라는 성별이 알려지면, 낙태를 선택하는 경우가 여전히 존재하며, 일부 문화권에서 여자아이는 영아살해(infanticide)의 대상자가 되기도 한다. 여자로 태어나면 청소년기와 노인이 돼서까지 평생에 걸쳐 폭력의 피해자가 될 가능성이 농후하다. 여성으로 태어난 한 개인이 경험할 수 있는 폭력을 생애주기에 따라 표기하면 다음과 같다:[9]

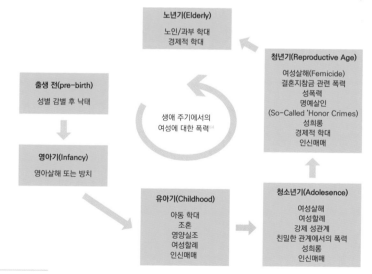

---

8 UN Women Training Center, I Konw Genger 6: Violence against Women and Girls 강의 중에서.

9 Mary Ellsberg and Lori Heise, Researching Violence Against Women: A Practical Guide for Researchers and Activists (Washington DC: WHO and PATH, 2005), 10.

여성에 대한 폭력이란 용어와 교차적으로 사용되는 용어는 젠더 기반 폭력(Gender-Based Violence)이란 용어다. 여성에 대한 폭력은 젠더 기반 폭력에 해당하지만, 젠더 기반 폭력이란 용어가 좀 더 넓은 의미를 포함한다고 할 수 있다. 무엇보다 가장 대표적으로 가정폭력이나 데이트 폭력은 여성에 대한 폭력의 대표적인 한 형태다[친밀한 관계에서의 폭력으로 알려진 이 유형은 다음 장에서 별도로 다룰 것이다]. 지난 해(2023년) 소위 '바리깡 폭행남'으로 알려진 데이트 폭력 사건을 들어본 적이 있는지 모르겠다. 자신의 여자친구를 오피스텔에 감금한 뒤 강제로 머리를 깎고 얼굴에 침을 뱉고 소변을 보는 등 폭행과 성폭행, 그리고 불법 촬영까지 저지른 사건이다. 이 사건은 여자친구가 다른 남자와 문자 소통을 한 데서 비롯된 것으로 "감히 네가?"라는 여자를 소유물로 여기는 가부장적

기저에서 작용하고 있음을 기사를 읽으며 생각했다.

여성에 대한 폭력의 또 다른 예로, 조혼(child marriage)이라는 풍습이다. 조혼은 18살 이하의 어린 여자아이를 결혼시키는 풍습으로 해가 지나면서 줄고 있는 추세이지만, 전 지구적으로 다섯 명 중 한 명의 여자아이가 여전히 자신의 의지와는 상관없이 이른 나이에 결혼을 한다. 유엔 지속가능발전협의는 2030년까지 조혼 종식이라는 목표를 이루기 위해 노력하고 있다.

18살 이전에 결혼하는 여자아이는 어떤 삶을 살아가게 될까? 어린 나이에 결혼하게 되는 경우 가정폭력의 희생자가 되기 쉬우며 학교를 마치지 못할 가능성이 크다. 적정한 교육을 받지 못하니 전문인으로서 직업을 갖게 되는 기회 역시 있을 리 만무하다. 그렇다면 스스로 돈을 벌어 부를 쌓으며 자신의 이름으로 어떤 형태로든 재화를 축적하는 것을 기대할 수 없다. 이러한 가난은 개인으로 끝나지 않고 다음 세대에게 고스란

히 되물림 될 터, 한 개인으로서 자신이 가지고 있는 능력을 꽃 피울 기회를 빼앗긴 채, 성적인 도구로 또는 돌봄 노동을 전담하는 역할로만 생을 마감하게 될 가능성이 크다. 조혼이란 풍습이 명맥을 유지할 수 있는 이유는 여자아이가 가진 인간으로서의 존엄성을 고려하지 않고 여성을 성적인 대상으로 여길 때 가능하다 여겨진다.

또한 '여성 할례(female genital mutilation)'라 불리는 폭력 역시 여성에 대한 폭력의 한 형태다. 의학적인 이유 없이 여성의 성기 일부나 전체를 제거하는 행위로, 전 세계적으로 약 2억 3천만 명의 소녀와 여성이 피해자로 추정된다고 한다.[10] 다양한 이유에서 여성 할례는 이루어지지만, 여성의 성적인 욕구를 억제하기 위한 것이며 성관계를 가질 때의 기쁨은 남성만을 위한 것이기 때문이라는 믿음에 뿌리를 두고 있다고 봐야 한다. 여성에 대한 폭력은 개인에게 일어나는 사적 영역에서 해결책을 찾아야 하는 영역이 아니고 구조적인 차별로 인하여 기인된 것이기 때문에, 국가와 사회의 개입이 없이는 해결할 수 없는 사회적 문제. 하지만, 여성에 대한 폭력이란 용어는 피해자가 여성에게만 국한된다고 오해하게 만들 수 있기 때문에 구조적인 불평등에 강조점을 두는 젠더 기반 폭력이란 용어가 더 적절할 수 있다.

유니세프(unicef)는 '젠더 기반 폭력'이란 세계적으로 가장 널리 퍼져 있지만, 인권 침해로 적게 인식되는 형태의 폭력이라고 이야기하면서 다양한 유형으로 나타나고 있다고 이야기한다.[11] 나아가, 미국 국무부는 젠더 기반 폭력을 "사회적으로 구성된 남성성과 여성성이라는 기준에 부합하지 않는다고 하여 […] 개인이나 집단에게 가해지는 유해한 위협이나 행

---

10 UN Women, "Frequently asked questions: Female genital mutilation," 온라인자료, (2024.04.25. 최종접속). https://www.unwomen.org/en/what-we-do/ending-violence-against-women/faqs/female-genital-mutilation.

11 Unicef, "Gender-based Violence in Emergencies," 온라인 자료, (2024.04.25. 최종접속). https://www.unicef.org/protection/gender-based-violence-in-emergencies

위를 일컫는 포괄적인 용어(umbrella term)"라고 정의한다.[12] 젠더 기반 폭력이라는 용어는 피해자를 여성에게만 국한시키지 않으면서 동시에 구조적인 불평등을 강조하고 있다. 소개한 유형의 폭력 외에도 성추행, 성매매, 최근 문제가 되는 디지털 성범죄 등은 모두 젠더 기반 폭력에 속한다.

우리나라에서는 성폭력, 가정폭력, 성매매 그리고 성희롱의 네 가지 유형이 가장 일반적인 젠더 기반 폭력으로 이해되고 있으며, 이를 예방하기 위해서 「양성평등기본법」은 폭력예방교육을 법정의무교육으로 정하고 시행하고 있다.

♀ 양성평등기본법 제30조
① 국가와 지방자치단체는 관계 법률에서 정하는 바에 따라 성폭력ㆍ가정폭력ㆍ성매매 범죄 및 성희롱을 예방ㆍ방지하고 피해자를 보호하여야 하며, 이를 위하여 필요한 시책을 마련하여야 한다.
② 국가와 지방자치단체는 관계 법률에서 정하는 바에 따라 성폭력ㆍ가정폭력ㆍ성매매 범죄의 예방을 위하여 교육을 실시하여야 하고, 각 교육과 제31조에 따른 성희롱 예방교육을 성평등 관점에서 통합하여 실시할 수 있다.
③ 국가와 지방자치단체는 관계 법률에서 정하는 바에 따라 성폭력ㆍ가정폭력ㆍ성매매ㆍ성희롱 피해자와 상담하고 가해자를 교정(矯正)하기 위하여 필요한 시책을 강구하여야 한다.

위의 「양성평등기본법」 제30조 제2항은 폭력예방교육을 법정 의무교육으로 지정하고 있다. 한국에 있는 모든 지방자치단체는 매해 폭력예방교육을 실시해야 한다. 법령에서 볼 수 있듯이 성폭력, 가정폭력, 성매매 및 성희롱을 폭력의 대표적인 예들로 설정하고 한국에서의 젠더 기반 폭

---

12 U.S. Department of State, "Gender and Gender-Based Violence," 온라인 자료, (2024.04.25. 최종접속). https://www.state.gov/other-policy-issues/gender-and-gender-based-violence/

력 유형에 해당하는 네 영역에 대한 교육을 실시하고 있다. 대학교의 경우 학생들은 성폭력과 가정폭력을, 그 외의 직원과 교원들의 경우는 성매매와 성희롱에 대한 교육까지 매해 이수해야 한다. 폭력예방교육이 법정의무교육으로 공공영역에서 정착한 것을 이야기하면서, 김채윤과 김용화는 폭력예방교육의 목표가 "성인지 감수성의 증진과 폭력 대응 역량을 강화하는 데 있다"[13]고 밝힌다.

1993년 서울대학교 신교수 성희롱 사건을 시작으로 1999년 「남녀차별금지 및 구제에 관한 법률」이 제정되면서 우리나라에서는 성희롱 예방을 위한 사업이 추진되었다. 1993년 8월 24일 서울대 중앙도서관 게시판에는 여자 조교들에게 상습적으로 성희롱적 발언을 하고 뒤에서 껴안거나 손과 어깨 등을 만지는 등의 불필요한 신체적 접촉을 아무 꺼리김 없이 자행했던 화학과 신교수에 대해 고발하는 대자보가 붙게 된다.

| 그림 2 서울대 신 교수 성희롱 사건 공동대책위원회가 연 기자회견 모습[14]

13 김채윤 · 김용화, "폭력예방교육 내실화를 위한 제언: 대학 사례를 중심으로," 「아시아여성연구」 61-3 (2022), 42.
14 경향신문 자료사진

이 사건은 우리나라 최초로 성희롱에 대한 법정다툼으로, 당시 만연해 있었던 사회적 문제에 다수가 눈을 뜰 수 있도록 했고, 직장 내에서의 성희롱은 개인과 개인 사이의 사적인 다툼이 아니라는 것을 알리면서 직장 내 성희롱 근절 운동을 추진해 나가는 동력을 제공했다. 다음은 신교수를 고발했던 A 조교의 소회다[15]:

> "나는 많은 갈등을 하였다. 이 문제를 나 혼자 묻어 두어야 하는지 아니면 이 세상에 고발을 해 다시는 나 같은 피해자가 생기지 않도록 해야 하는지. 집안의 반대, 친구들의 반대, 그리고 내가 정말 정면으로 부딪힐 수 있을지에 대한 불안감. 그럼에도 그때 내가 대자보를 붙일 수 있었던 것은 그냥 주저앉으면 내가 더 이상 갈 곳이 없을 거라는 절박한 심정 때문이었다. (중략) 그래서 더이상은 나처럼 춥고 외로운 사람들이 생겨나지 않도록 하고 싶었다."

1990년대 초부터 있었던 직장 내에서의 성희롱 근절을 위한 이러한 움직임은 얼마나 효력을 발휘했을까? 서울대 신교수 사건으로부터 25년이 지난 2018년 1월 서지현 검사의 고발은 아직도 가야할 길이 멀기만 한 것 같이 느껴지게 한다. 서 검사는 전 검사장이었던 안태근이 자신을 성추행했다는 사실을 폭로해 한국 사회에서 "미투 운동"이 이어지도록 했다. 사실 한 해 전인 2017년, 미국 할리우드의 유명한 감독인 하비 와인스타인(Harvey Weinstein)으로부터 성추행을 당한 피해자들이 그의 만행을 고발하면서 소셜 미디어를 통해 미투 운동은 전 세계적으로 일파만파 퍼져나갔다.[16] 이러한 움직임이 폭력예방교육이 의무화되는 데 배경으로

---

15 한국여성의전화연합, 『서울대 조교 성희롱 사건 백서 하권』 (서울: 한국여성의전화연합, 2001), 1315-1353., 국가인권위원회 대전인권사무소, 「2024년 대학인권센터 인권역량강화과정 자료집」 중에서 재인용.

16 2017년 10월 The New York Times와 The New Yorker를 통해서 12명이 넘는 피해자들이 영화제작자인 Harvey Weinstein이 적어도 지난 30년 동안 수많은 여성들을 강간하고 성적으로 희롱하고 성폭력을 가한 것에 대한 보도가 이루어졌다. 2018년 5월 Weinstein은 뉴욕

작용됐음을 전달하는 이유는, 폭력예방교육에서의 폭력이란 위력에 의한 폭력을 의미한다는 부분을 지적하기 위해서다. 폭력예방교육에서의 '폭력'이란 '젠더 기반 폭력'을 의미하는 것으로 우리나라에서 폭력예방교육이 공공영역에서 정착하고 있는 것은 국제적인 움직임에 발맞추고 있는 것임을 알아야 하겠다.

유럽 성평등 연구소(European Institute for Gender Equality)에서는 젠더 기반 폭력은 우리가 생각하는 것보다 더 빈번하게 일어나고 있음을 다음의 통계를 통해서 전한다: "유럽 연합 국가들 15살 이상의 여자 중에서 2명 중 1명은 성희롱을, 3명 중 1명은 신체적이고 성적인 폭력을, 5명 중 1명은 스토킹을, 20명 중의 1명은 강간을 경험했다. 그리고 성적 착취를 위한 인신매매의 피해자의 95%는 여성이다."[17]

그림 3 젠더 기반 폭력

젠더기반 폭력
당신이 생각하는 것보다 더 빈번하다!

유럽연합에서, 15살 이후:

3명 중 1명의 여성
신체적 성적인 폭력 경험

2명 중 1명의 여성
성희롱 경험

20명 중 1명의 여성
강간 경험

5명 중 1명의 여성
스토킹 경험

유럽연합에서 인신매매의
95% 피해자는 여성

에서 법정 구속됐고, 2020년 유죄 판결을 받아 23년 동안 감옥에 수감되는 형을 받게 된다.

17 온라인 자료.
    https://eige.europa.eu/gender-based-violence/what-is-gender-based-violence?
    language_content_entity=en (2024.04.05. 최종접속).

여성과 남성 모두 젠더 기반 폭력의 피해자와 가해자가 될 수 있지만, 대부분의 피해자가 여성이라는 이유로 젠더 기반 폭력이란 용어는 '여성을 향한 폭력'이란 용어와 동의어로 사용되기도 한다. 이런 젠더 기반 폭력의 피해자가 대부분 여성인 이유는 가부장제와 그로 인한 사회 전반에서의 힘의 불균형에 뿌리를 두고 있다. 앞에서도 살펴보았지만, 가부장제는 여성의 열등함에 대해서 이론화하면서 여성에 대한 남성의 지배를 정당화했다. 오랫동안 남성은 경제적 우위를 차지했으며 전 세계적으로 사회 전반적인 권력은 남성에게 집중됐다.

우리나라만 예로 들어보면, 현재 윤석열 대통령은 20대 대통령인데, 그동안 우리나라에서는 한 명의 대통령을 제외하고 모두 남자 대통령이었다. 하지만, 그 한 명의 여자도 특정 남성의 딸이 아니었다면 대통령이 될 수 있었을까 하는 점을 고려한다면, 온전한 여성 대표성으로 여겨야 하는지는 의문에 남는다. 박근혜 대통령이 탄핵을 맞이한 이후 대통령 선거를 앞두고 누군가 "이제 여자는 안 돼"라고 하는 이야기를 들은 적이 있다. 그와 같은 발언의 취지는 여자를 뽑아 놨더니, 대통령직을 다 수행하지 못하고 감옥에 갔다는 이유일 터. 그동안 대통령직을 수행한 남자 중에 감옥을 가지 않은 사람은 몇 명일까? 많은 남자 전직 대통령들이 감옥에 갔었지만, 누구도 "이제 남자는 안 돼"라는 말을 한 것을 들어본 적이 없다. 그런데 왜 여자에게만 이런 기준이 적용되는 걸까?

우리나라는 많은 선진국들의 의회 구성 성비를 고려했을 때, 여성 의원 비율이 현격히 낮다. 정치권에서나 각 기업의 운영과 이사회 구성에서 역시 여성의 비율을 생각해 본다면 우리나라가 OECD 국가 중에서 유리천정 지수가 11년 이상 꼴찌를 차지하고 있는 것은 그리 이상한 일이 아니다. 매해 3월 8일은 세계 여성의 날이다. 세계 여성의 날을 맞아 영국 주간지인 이코노미스트(*The Economist*)는 경제협력개발기구(OECD) 유리천장지수(Glassceiling Index)를 발표하는데, 2024년 중앙일보는 한국이 12년째 꼴찌를 기록했음을 보고한다.[18] 유리천장지수의 측정은 각 나라의 고등교육, 노동참여율, 성별임금격차, 양육비용, 출산/육아휴가 권리, 관리직 여성비율, 그리고 의회 내 여성비율 등 10가지 지표를 바탕으로 이루어진다.

표 2 유리천장지수 29개 나라 순위[19]

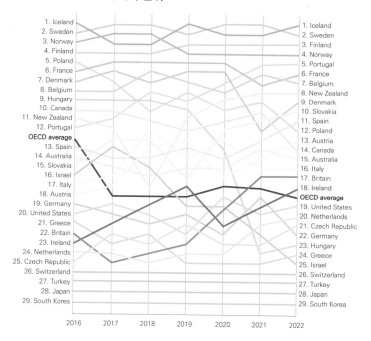

한국은 양육비용과 출산/육아휴직 권리 두 분야를 제외하고 모두 꼴찌를 차지했다고 여성신문의 한 기사는 보고한다. 세계 경제 포럼이 매해 발표하는 「세계 젠더 격차 보고서(Global Gender Gap Report」를 살

18 정시내, "韓 '유리천장 지수' 12년째 꼴찌…"일하는 여성에 가혹한 나라," 중앙일보 2024
    년 03월 07일자 인터넷 뉴스 https://www.joongang.co.kr/article/25233675#home
    (2024.06.03. 최종 접속).

19 박상혁, "[3·8세계여성의날]한국, 유리천정지수 11년째 '꼴찌'," 여성신문 2023년 3월 8일자
    인터넷 뉴스 https://www.womennews.co.kr/news/articleView.html?idxno=233
    732 (2024년 6월 3일 최종 접속).

퍼보자. 2023년 세계 젠더 격차 보고서에 따르면, 한국은 146개 국가 중에서 105위를 차지했고, 이는 한 해 전보다 6단계 뒷걸음질 친 것이다.[20] 세계 젠더 격차 보고서에서 2020년 108위였던 것이 2021년 102위로 그리고 2022년에는 99위를 차지하면서 젠더 격차가 좁혀지는가 싶었지만, 2023년은 105위에 이르게 됐다. 여성 상위시대라는 말이 어디선가 들려올 때가 있기도 하지만, 아직 대한민국은 젠더 격차가 크게 벌어진 나라이며, 더 나은 세상을 만들기 위해서 젠더 격차를 좁히기 위한 사회 구조적인 변화를 가져오는데 힘을 기울여야 함을 기억해야 한다. 남성을 위한 기구는 없는데, 왜 여성가족부는 있어야 하냐는 볼멘소리는 눈에 보이지 않는 구조적 불평등에 대해 모를 때 할 수 있는 이야기다. 기울어진 운동장처럼 구조적으로 남성이 더 많은 힘을 차지하고 있는 현실을 직시하고 더 평등한 사회를 만들기 위해 무엇을 해야 할지 더 고민할 수 있기를 바라 본다.

---

20 World Economic Forum, *Global Gender Gap Report 2023* (June, 2023), 11.

1. 젠더 기반 폭력이란 무엇인가?

2. 다양한 형태의 젠더기반 폭력이 일어나는 원인은?

3. 가부장제가 만들어낸 구조적 불평등을 느낄 수 있는가?

제7장

친밀한 관계에서의 폭력

chapter

07

친밀한 관계에서의 폭력

젠더 기반 폭력의 가장 대표적이며 한국 사람들 사이에서도 흔히 일어나는 유형으로 친밀한 관계에서 일어나는 폭력이 있다. 결혼한 상태에서 아내와 남편 또는 부모와 자녀 사이에서 일어나는 폭력이라면 가정폭력이고, 합법적인 결혼을 하지 않은 상태지만 함께 동거를 하거나 결혼 전 데이트 상태에서 일어나는 폭력이라면 데이트 폭력으로 나눠질 수도 있지만, 두 형태 모두 권력 관계에서 일어나는 폭력이라고 이해될 수 있다. 화를 참지 못한 아버지가 머리를 향해 내리친 접시를 손으로 막아서 손에 깁스를 했던 경험이 있는 학생을 상담한 적이 있다. 이 학생은 아버지를 경찰에 신고했고 법원으로부터 접근금지 명령이 아버지에게 내려진 상태였다. 본가와 학교가 소재한 도시가 달랐던 이 학생은 부모님과 떨어져 사는 주거 형태를 가졌기 때문에 가해인인 아버지에게 내려진 접근금지 명령이 유효할 수 있지만, 본가에서 등교하던 학생의 경우에는 자신에게 폭력을 가하는 아버지를 신고할 엄두를 내지 못하고 있었다.

열여덟을 훌쩍 넘어 성인이 되었지만, 대학생들 가운데 상당수가 부모님으로부터 가정폭력을 여전히 경험하고 있다. 또 대학 생활을 하면서 사귀는 관계에 있는 남자친구에게 육체적, 정신적, 나아가 성적인 폭력을 경험하고 있는 경우도 왕왕 존재한다[아직까지 나는 여자친구에 의한 폭력을 경험하는 남학생을 만나 상담한 경험이 없다]. 다음은 데이트 폭력이라는 주제에 대해 한 학생이 제출한 보고서의 일부다. 이 학생은 다른 학우들이 자신과 같은 고통을 겪지 않기를 바란다고 하면서 자신의

경험을 다른 학우들과 공유해주길 희망했다:

> 나는 데이트 폭력 피해자다. 그래서 이 주제로 수업을 하기를 기다렸다. 통제, 언어적 폭력 등 많은 사람이 사소하게 치부하는 언어적 폭력부터 신체적 폭력까지 당했다. 처음에는 실수라고 생각했고, 첫 폭력에 대해 '내가 예민했나?'라고 생각하며 나를 자책했었다. 이제 5년 전 일이라 기억조차 나지 않을 정도로 까마득히 기억 속으로 숨어버렸다. 하지만 목이 졸리고, 휴대전화기가 몇 번이고 박살 나고, 맞던 기억들 등 몇몇 기억들은 여전히 강하게 남아 있다. 내가 데이트 폭력을 당하고 고소를 하고 난 후 많은 사람은 '왜 처음 맞았을 때 피하지 않았냐?'라고 가장 많이 물었다. 먼저 사랑이라는 감정이 제일 컸다. 그리고 가해자에게 주변 사람들과 소통하는 것까지 통제 당해 나는 그 시절 친구들과도 연락을 잘 하지 못했다.
>
> 어느 순간 '정말 뭔가 잘못되었다'라는 생각은 들었지만, 난 그 폭력에 익숙해져 갔다. 그렇게 거의 매일 반년간 맞았다. 여름에 반소매를 입지 못하고, 얼굴에 멍이 들면 컨실러를 두껍게 발라서 멍을 가리고 나갔다. 화장실조차도 혼자 못 가게 하였고, 난 모든 것을 허락 받아야 했다. 그렇게 나는 통제되어 갔고, 나를 구조해 줄 친구마저 사라져갔다. 다행히, 나의 비명과 살려달라는 소리에 집주인 아주머니께서 도와주셔서 나는 부모님께 알릴 수 있었고, 중도 휴학을 한 뒤, 집으로 돌아갔다.

긴 학생의 보고서 중에 이 부분을 나눈 이유는 친밀한 관계에서의 폭력에 있어서 내가 강조하고 싶은 두 가지 중요한 점을 포함하고 있기 때문이다: 첫째, 폭력을 입은 피해자의 잘못은 없다는 사실과 둘째, 폭력은 다양한 형태로 일어날 수 있다는 부분이다. 폭력은 신체적인 것만이 아니라 언어적으로 정서적으로 일어난다. 경제적인 폭력은 이야기하지 않았지만, 결혼하고 경제생활을 함께 해 나가는 커플들에게서는 경제적 폭력도 흔히 일어나고 있다. 나아가 가장 빈번히 일어나는 통제라는 형태로 나타나는 데이트 폭력의 유형까지 이야기해 보도록 하자.

피해자는 잘못이 없다. 폭력을 행사한 것이 잘못이지, 맞을 짓을 했기 때문이라는 가해자의 질책은 어떤 상황에서도 합리화될 수 없다. 다섯 살짜리 아이에게 매를 든 부모님의 결정 앞에서 아이가 그 폭력에 반대할 수 있는 방법은 없다. 부모님들이 아이의 고집을 꺾고 버릇을 고치기 위해서 '사랑의 매'를 든다고 하지만, '사랑의 매'라는 것은 아이 양육을 위해 더 부지런히 고민하지 않은 부모들의 게으른 변명이다. 아이에게 매를 드는 이유는 가장 빠른 시간 안에 문제를 해결해 줄 수 있기 때문은 아닐까? 아이를 타이르고 아이와 의견을 주고받을 시간적이고 정서적인 여유가 없었던 것은 아닐지 생각해 보길 바란다. 매를 들면서 '사랑의 매'라고 하는 것은 게으른 어른들의 변명이고 착각이다. 폭력은 부모에게 주어진 권력을 잘못된 형태로 표현하기로 한 부모의 결정에서 기인한 것이다. 아이가 나보다 힘이 더 셌다면, 과연 그런 결정을 할 수 있었을까? 경제적으로 철저히 독립된 존재였다면, 과연 그런 결정을 할 수 있었을까? 가정에서 일어나는 폭력은 철저히 권력 구조에 의한 것이다. 권력을 많이 가진 쪽이 상대적으로 적은 힘을 가진 구성원을 억압하고 자신의 뜻을 관철시키려는 방법이 가정폭력이다.

친밀한 관계에서 일어나는 폭력에서 가해자들은 흔히 "피해자가 맞을 짓을 했기 때문"이라고 자신의 행동을 정당화한다. "맞을 짓"이란 무얼 의미할까? 사람과 사람 사이에서 맞을 짓이란 있을 수 없다. 모든 인간은 동등한 자격을 가졌으며, '말'이라는 소통의 수단을 통해서 의사를 전달하고 살아가야 한다. 맞을 짓이란 없으며, 단지 자신의 의사 전달을 위해서 때리기로 한 잘못된 결정만 있을 뿐이다. 그래서 '부부싸움'이란 표현은 가정폭력이나 데이트 폭력을 전달하는 수단으로 부적절할 수 있다. 왜냐하면 '부부 싸움'이란 말은 동등한 관계에서 일어나는 다툼이라는 의미가 전달되기 때문이다. 물리적으로나, 경제적으로 힘이 있는 누군가가 일방적으로 폭력을 행사하는 관계에서 일어나는 폭력은 대등한 관계에서 일어난 싸움과는 차원이 다르다. 친밀한 관계에서의 폭력에 대한 책임은 폭력을 당한 사람이 아니고 폭력을 사용한 주체에게 있음을 기억해야 한다.

그런 의미에서 성폭력 피해자들을 비난하는 경향성에 대해서 의문을 제기할 수 있어야 한다. 2011년 캐나다 경찰이었던 마이클 생귀네티(Michael Sanguinetti)는 토론토 요크 대학(York University)의 법학 대학 학생들에게 안전에 대한 강의를 하러 갔다가, "[성폭력] 피해자가 되지 않기 위해서 여자는 술집여자(slut)처럼 옷을 입지 말아야 해"[1]라고 언급을 했던 것이 페이스북과 트위터 등 소셜 미디어를 통해 일파만파 퍼져나가면서, 피해자를 비난하는 목소리에 성난 시민들은 캐나다와 미국 전역에서 "나의 옷차림은 동의가 아니다(my clothes are not my consent)"라는 구호와 함께 란제리를 입고 거리로 나와 항의의 의미를 담은 행진을 했고, 이들의 행진은 SlutWlak으로 알려졌다. 2011년 5월 6일자 가디언(The Guardian)지는 보스톤 지역에서의 SlutWalk에 2,351명이 참여했다고 밝히면서, 아리조나, 캘리포니아, 콜로라도 등을 포함한 22개의 주에서 SlutWalk이 더 계획되고 있다고 밝혔다. 성난 민심은 세계를 돌아서 홍콩, 런던, 도쿄, 그리고 그해 7월에는 한국에서까지 이르게 된다. 다음은 토론토에서 2014년 있었던 SlutWalk의 한 장면과 한겨레 2011년 7월 18일 온라인 신문에서 전하고 있는 한국에서의 SlutWalk의 한 장면이다.

---

1 Ed Pilkington, "SlutWalking Gets Rolling After Cop's Loose Talk about Provocative Clothing," *The Guardian* 6 May 2011 (온라인 자료): https://www.theguardian.com/world/2011/may/06/slutwalking-policeman-talk-clothing

| 그림 1 SlutWalk

2011년 4월 3일 토론토에서 첫 SlutWalk. 이 사진은 2014년 토론토에서의 SlutWalk 의 일부임[2]   2011년 7월 18일 서울 광화문 Slutwalk[3]

한겨레 기사는 Slutwalk을 소개하면서, 캐나다에서 시작된 성폭력 피해자를 비난하는 문화에 대항하는 세계적인 항의 움직임이라고 적고 있다. 도둑이 물건을 훔쳐가는 불행을 경험한 사람에게 '왜 도둑이 물건을 훔쳐 가도록 집에 현금을 놓았어?'라거나, '왜 보석을 몸에 지니고 있었어?'라고 묻는 사람은 없다. 하지만, 성폭력 피해를 경험한 경우 피해자에게 비난의 화살을 돌리곤 하는데 피해자에게 잘못이 있는 것이 아니라, 가해자에게 책임이 있음을 기억해야 한다.

서울시와 한국여성의전화가 공동으로 제작한 『F언니의 두 번째 상담실: 데이트 폭력 대응을 위한 안내서』에서는 "애인이 저와 의견이 엇갈리거나 다툴 때 크게 소리를 지르거나 욕을 해서 너무 당황스럽고 상처를 받아요. 그럴 때마다 '네가 날 자꾸 이렇게 만든다'고 하는데 정말 저한테 문제가 있어서 그런 건가요?"[4]라고 하는 고민을 적으면서 데이트

---

2 Sarah Ratchford and Galit Rodan, "We Visited Toronto's SlutWalk," *Vice* 2014.07.15. (온라인 자료): https://www.vice.com/en/article/vdqxyx/we-went-visited-torontos-slutwalk-2014-349

3 Lee Seung-joon, "SlutWalk Movement Arrives in S.Korea," *Hankyoreh* 2011.07.18. (온라인 자료): https://english.hani.co.kr/arti/english_edition/e_national/487882

4 서울시 · 한국여성의전화, 『F언니의 두 번째 상담실: 데이트 폭력 대응을 위한 안내서』 발간 등록번호 51-6110000-001738-01, 32.

폭력인지 아닌지를 쉽게 풀어 설명해 주고 있다. 이 고민에 대해서 폭력적 방법으로 문제를 해결하려는 것도 문제이지만, '네가 날 자꾸 이렇게 만든다'라는 이야기를 통해서 물리적인 폭력 이외 다른 형태의 폭력도 존재하는 관계라는 부분을 짚어주고 있다.

'가스라이팅'이라는 용어로 알려진 이와 같은 형태의 폭력은 언어적인 폭력을 넘어 정서적인 폭력으로까지 이어진다. 1944년 미국의 〈Gaslight〉라는 영화에서 유래된 이 용어는, 친밀한 관계에 있는 사람에게서 들은 평가로 인해 자기 스스로의 판단을 의심하고 급기야 자신이 미쳤다거나 너무 예민하다고 생각하는 상태에 처하게 됨을 의미한다. 이 영화에서 남편은 의도적으로 거실의 가스등을 조금 어둡게 조절한다. "거실 등이 어둡지 않냐?"고 묻는 아내에게 "당신이 잘못 느낀 거야. 똑같은데…"라는 대꾸로 반응한다. 이렇게 남편은 의도적으로 조금씩 거실의 가스등을 어둡게 조절하고, 그 등이 평소보다 어둡다고 느끼는 아내에게 잘못 느낀 것이라고 반응하면서 결국 아내가 자신의 판단을 의심하고 자신이 미쳤다고 믿게 만드는 결과를 초래하게 된다. 나쁜 일이 일어났을 때의 책임을 여자친구나 남자친구에게 돌리거나, 자신의 실패 원인을 자기 자신에게서 찾는 것이 아니라 상대에게서 찾으며 상대를 질책하는 등의 상황은 정서적인 폭력일 수 있다. 친밀한 관계가 된다는 것은 정서적으로 밀접한 유대관계를 형성해 가는 것인데, 의존하는 상대에게서 듣는 평가는 한 개인의 자존감과 삶의 질에 지대한 영향을 줄 수 있다.

사귀는 관계에서 통제가 어떤 형태로 나타나는지 위의 보고서는 잘 이야기해주고 있다. 자신을 제외한 이성이든 동성이든, 다른 사람들을 만나는 것을 통제하기 시작해 피해자를 고립된 상태로 만들었고, 심지어 화장실을 갈 때 전화기를 가지고 가는 행동까지 통제 당했다고 이야기한다. 다른 사람의 경험을 간접적으로 들을 때는 다 큰 성인이 이러한 통제를 받아들였다는 게 쉽게 이해가 가지 않지만, 친밀한 관계를 형성해 가는 과정에서는 이러한 통제가 통제로 받아들여지지 않을 수 있다는 데 위험이 도사리고 있다. 그래서 통제라는 유형이 가장 흔한 친밀한 관계에서의 폭력 유형일 수 있지 않나 하는 생각이다. 다음의 유형별 데이트 폭력 피해경험과 폭력 피해 직후 느낌에 대한 각각의 표를 보고 이어가 보자[5]:

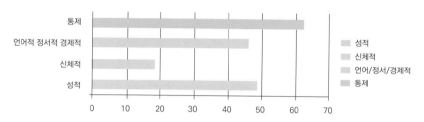

표 1 유형별 데이트폭력 피해경험

표 2 폭력 피해 직후 느낌

통제	38.9% 1위. 폭력이라는 생각은 들지 않았다.	35.8% 2위. 아무렇지도 않았다	32.1% 3위. 나를 사랑한다고 느꼈다
언어적 정서적 경제적	40.1% 1위. 헤어지고 싶었다	40.1% 2위. 상대에 대해 화가 나고 분노가 치밀었다	37.2% 3위. 무기력 또는 우울해지고 자존감이 떨어졌다
신체적	44.4% 1위. 점점 무섭고 두려워졌다	41.8% 2위. 헤어지고 싶었다	34.4% 3위. 상대에 대해 화가 나고 분노가 치밀었다
성적	30.5% 1위. 상대에 대해 화가 나고 분노가 치밀었다	29.3% 2위. 폭력이라는 생각은 들지 않았다	28.9% 3위. 창피했다

위 두 표는 2016년 한국여성의 전화 데이트 폭력 실태조사를 바탕으로 한 것인데, 가장 흔한 데이트 폭력 유형으로 62.6%를 통제가 차지하고 있음을 볼 수 있다. 통제가 관계 안에서 표현되는 방식은 누구와 함께 있는지 항상 확인하고, 옷차림을 제한하고, 상대가 하는 일이 자신의 마

---

5   서울시 · 한국여성의전화, 『F언니의 두 번째 상담실: 데이트 폭력 대응을 위한 안내서』, 28.

음에 들지 않으면 그만두게 하고, 일정을 간섭하고, 휴대폰, 이메일, SNS 등을 자주 점검하는 등이다. 실제로 남자친구가 매니큐어로 관리한 손톱을 좋아하지 않아 네일을 지웠다고 하는 학생도 있었고, 달라붙는 옷을 입지 말라고 해서 후드티만 입고 다닌다고 하는 학생의 보고서를 읽은 적이 있다.

코로나가 한창이었을 때 사귀기 시작해서 잘 알지 못했는데, 코로나가 잦아들며 대면 교육이 시작됐을 때 자신의 남자친구가 누구와 함께 있는지 계속 체크하고 조별 과제로 타과 학생들을 만나는 걸 너무 싫어해서 조별 과제를 논의하는 모임에 참석하지 못한 여학생의 호소도 들은 기억이 있다. 친밀한 관계가 형성되는 것은 상대를 소유하는 것이 아님에도 불구하고, '사랑'이라는 이름으로 상대를 자신 마음대로 통제하려는 시도가 여전히 많이 나타나고 있다. 사랑은 같아지는 것이 아니라, 서로가 독립된 개인으로 존재할 수 있도록 자유를 허락해 주는 것임을 기억해야겠다. "사랑은 눈물의 씨앗"이라는 구절이 유행하기도 했던 때가 있었지만, 너무 아프다면 사랑이 아닐 수 있음을 기억할 수 있길 바란다.

통제라는 유형은 친밀한 관계에서 가장 빈번히 일어나지만, 친밀한 관계에서 통제가 발생했을 때 '이게 통제구나'라고 알아차리기가 쉽지 않고, 알아차렸다손 치더라도 거절하기가 생각만큼 쉽지 않다는 것이 통제라는 유형의 폭력에 주의를 기울여야 하는 이유다. 수업 시간에 학생들에

게 이성 친구가 "너 치마가 왜 그렇게 짧아?", "남자가 왜 그렇게 옷을 입고 다녀?"라고 하면서 옷차림에 대해서 간섭하고 통제하려고 들면 어떤 느낌이 들겠냐고 물으면, "기분이 안 좋을 거 같아요"라는 상당히 빠른 속도의 대답이 나온다. 하지만 호감을 가지고 친밀한 관계를 만들어 가는 과정에서 상대방에게서 듣게 되는 이런 말들은 무섭고 공격적인 방식으로 나타나기보다는 부드럽고 사랑 넘치는 모습으로 전달된다는 걸 기억할 필요가 있다.

통제라는 유형의 피해 직후 받은 느낌을 다른 유형의 폭력이 일어난 직후 받았던 느낌과 비교해 보면 통제가 얼마나 은밀하게 일어나며 알아차리지 못하는 상태에서 벌어질 수 있는 일인지 이해할 수 있다. 다른 유형의 폭력 피해 직후 "헤어지고 싶었다"라거나 "점점 무섭고 두려워졌다" 또는 "상대에 대해 화가 나고 분노가 치밀었다"라는 강렬하고 부정적인 감정을 느낀 데 반해, 통제라는 유형의 폭력을 경험한 직후 느낌은 상당히 다르게 표현되고 있다. 그 이유를 생각해 보면, "그렇게 옷 입지 마"라는 공격적이고 명령조로 통제하는 것이 아니라, "너는 내 꺼니까. 다른 사람이 널 보는 게 싫어" 또는 "나만 보고 싶어"처럼 애교 섞인 말투로 전해질 수도 있다.

그래서 통제를 경험한 사람들의 38.9%는 "폭력이라는 생각이 들지 않았다"고 답했고 35.8%는 "아무렇지 않았다"는 느낌을 이야기했으며, 심지어 32.1%는 "나를 사랑한다고 느꼈다"라고 답하고 있다. 친밀한 관계에서 서로 양보하고 자신의 존재 방식을 기꺼이 바꿔나가는 것은 긍정적일 수 있고 또 한편으로는 꼭 필요한 부분이기도 하다. 하지만, 일방적으로 한 사람만 자신의 존재 방식을 바꾸는 등의 희생을 반복적으로 해야 한다면 그 관계는 건강한 관계인지 의문을 제기해 볼 수 있길 바란다. 또한 상대의 요구에 거절하지 못하는 이유가, 내가 거절했을 때, 상대가 나를 거절할까 봐 두려운 마음에 자신의 진정한 욕구를 표현하지 못한다면 그 관계 역시 의문을 제기해 볼 수 있어야 한다.

위의 폭력 피해 직후 느낌에서 폭력을 당한 피해자가 "폭력이라고 느끼지 못했다"고 답한 것은 통제뿐이 아니다. 이상하다고 여겨질 수 있지만, 성적 폭력 이후에도 29.3%에 해당하는 피해자들은 원치 않는 성관계를 갖고 난 이후, "폭력이라는 생각은 들지 않았다"라고 답하고 있다. 왜 그럴까? 자신의 '성적 자기결정권(right to sexual autonomy)'에 반하여 성관계가 일어났음에도 "폭력이라고 생각하지 못했다"는 것은 원하지 않는 성관계가 얼마나 심각한 자신의 권리에 대한 침해가 일어난 것인지 알지 못해서는 아닐지 조심스럽게 추정해본다. 2024년 8월 현재 조국혁신당의 당 대표이면서, 전 서울대학교 법과대학 교수였던 조국의 글을 직접 인용하면서, 한국에서 남편에 의한 아내 강간의 성립에 대한 법조계의 동향을 통해 이 문제를 생각해 보고 싶다.

> 수십 년간 법학계와 법조계에서는 부부 사이에는 동침의 의무가 있기 때문에 부부강간은 법률적으로 불성립한다고 해석했다. 그러나 2001년, 나는 부부간에 벌어지는 '폭행'도 처벌이 되는데 그보다 훨씬 불법성이 높은 '강간'이 처벌되지 않는다는 것은 모순이고, 부부 사이의 동침 의무는 합의에 의한 동침만 의미하는 것이지 폭력을 사용한 동침을 포함하지는 않는다고 주장했다. 나의 이런 주장은 법학계와 법조계에서의 극소수 의견으로 취급됐다. 그런데 2013년에 이르러 대법원은 이 입장을 수용했다.[6]

남편에 의한 아내의 강간이 가능하다는 대법원에서의 판결이 내려진 것이 2013년에서라니! 너무 최근의 일이라 놀라운 일이 아닐 수 없다. 조국의 "'아내강간'의 성부와 강간죄에서 '폭행·협박'의 정도에 대한 재검토"라는 소논문이 출판된 2001년까지만 하더라도, 이와 같은 의견을 가진 법학자들이 법조계에서 극소수에 달했다는 진술은 부부의 의무 중

---

6 조국, 『디케의 눈물: 대한검국에 맞선 조국의 호소』(파주: 다산북스, 2023), 144.

하나는 자신이 원치 않아도 성관계를 해야 한다는 의견을 가진 다수가 있었다는 의미로 받아들여야 한다. 합법적인 부부가 되었다 하더라도, 가정폭력으로 처벌을 받을 수 있는 것처럼 원하지 않는 성관계가 이루어졌다면 처벌을 받아야 한다는 의견이 받아들여진 것이 채 10년 남짓이라니 놀랍기도 하면서 이런 가치관이 데이트하는 관계에 있는 사람들 사이에서 성폭력을 당했음에도 폭력이 아니라고 느낀 저변에 깔려 있는 것은 아닐까 생각해 본다. 다음은 이러한 나의 의혹에 조금 더 확신을 갖게 하는 핵생들의 보고서 중 일부이다:

🎤 학생 V

최근, 여성의 감기라고 불리는 질염으로 치료를 위해 병원을 다니며 치료를 받고 있었다. 당연히 성관계는 할 수 없었다. 그런데 어느 날 이러한 이유로 관계를 계속 거부하는 나에게 남자친구는 "그럼 나는 누구랑 해?"라고 말했다. 남자친구는 평소 콘돔 사용을 좋아하지 않았고, 내가 관계를 거부하자 이 말을 하며 시무룩해 하던 그날의 상황이 잊히지 않는다. 나에겐 마음 깊숙이 찔려오는 크나큰 충격이었고, 그때 당시에는 잘 몰랐는데 지금 보니 나의 권리, 어떻게 보면 여성의 권리를 존중받지 못했던 것 같다.

학생 M 🎤

이 강의를 듣고 어떻게 느낀 점을 써야 할지 머릿속이 새하얘지면서 긴장이 되기 시작했다. 하지만 내가 경험한 것들을 솔직하게 써야겠다고 다짐하고 느낀 점을 쓰도록 하겠다. 데이트 성폭력. 여자와 남자가 서로 사귀는 사이이지만 상호 동의하에 성관계하는 것이 아닌, 상대방의 만족에만 초점이 맞춰져 성관계를 하거나, 거절의 의사를 표현했음에도 불구하고 계속 설득을 하거나 강제로 성관계를 하게 되는 것을 의미한다. 나는 이것이 데이트 성폭력에 해당하는 것인지 몰랐지만, 오늘 강의를 듣고 '내가 여태 당해왔던 것들이 데이트 성폭력이었으며, 건강하지 못한 성관계를 해오고 있었구나'라는 생각이 들었다.

나는 성욕이 강한 편이 아니지만, 남자친구는 나에 비해 강한 성적 욕구를 가졌다. 나는 성관계를 하고 싶은 생각이 없었지만, 남자친구는 성관계 요구를 계속하곤 했었다. 내가 거절의 의사를 표현해도, 남자친구는 "네가 나와 성관계를 갖지 않으면, 다른 여자를 만나서 푸는 방법밖에 없어" 혹은 "사랑하는 사이에 성관계를 갖는 것은 당연한데, 네가 자꾸 거절하면 더 이상 너랑 사귀는 것은 힘들 것 같아" 등으로 끝까지 나를 설득하거나 협박을 하기도 했다. 결국 남자친구의 끝없는 설득과 협박과 강요에 마지못해 나는 수락을 하였고, 난 이제야 내 남자친구가 나에게 해왔었던 행동이 가스라이팅이었으며, 건강한 성관계가 아닌 남자친구의 성적 욕구에만 초점이 맞춰져 있었던 데이트 성폭력이었다는 걸 깨닫게 되었다.

성의 소비를 결혼이라는 법적인 제도 아래에서만 할 수 있다는 신념은 이제 점점 퇴색되어가고, 젊은이들 사이에서 성의 소비에 대한 허용도와 개방의 정도가 느슨해지고 있다. 대학교에 들어와 본격적으로 이성교제를 시작하게 되면서, 실질적인 성행위가 증가하고 있는 것이 현실이다. 안숙희·박인숙 외 동료들이 발표한 한 연구에 따르면, "남녀 대학생 모두 성 개방 문화와 군대 문화에 노출되면서 성 경험의 빈도가 증가하게 되고, 이로 인해 성병에 감염되거나 혼전 임신으로 유산을 경험하기도 한다."[7] 이들은 다수의 연구를 바탕으로 대학생 가운데서 남학생은 55~77% 그리고 여학생의 경우는 22~35%가 성경험이 있는 것으로 소개한다. 학생들과의 상호작용을 통해서 예전에 비해 확실히 변화한 성행

---

7 안숙희·박인숙 외, "대학생의 생식기 관련 건강행위, 생식건강력 및 성행위 실태," 「여성건강간호학회지」 14-3 (2008), 206.

위에 대한 가치관의 변화를 체감하고 있다.

하지만, 위의 보고서를 통해서도 볼 수 있듯이 변화되고 느슨해진 성행위에 대한 가치관의 변화만큼 학생들이 성을 소비할 주체로서 의식의 성장과 변화를 경험했느냐는 여전히 의문으로 남는다. 중·고등 학교에서부터 성교육을 받는다고는 하지만, 형식적으로 이루어지는 성교육 시간에 대다수의 학생들은 집중하지 않는 것이 현실이다. 대학생들의 상당수가 성경험이 있지만, 성관계가 이루어지기 위해서 둘의 적극적인 합의가 얼마나 중요한 것인지에 대해서 충분한 인식이 부족하다는 생각이 든다. 부부 관계에서도 상대가 원하지 않는다면 강간이 성립될 수 있는 것처럼, 데이트 과정에서 원하지 않는 성관계에 동의하지 않을 수 있다는 사실을 여학생과 남학생 모두가 진지하게 받아들일 수 있길 바란다.

세바시 강연에서 "성적 욕구를 표현하는 서로 좋은 방법"이라는 주제를 다룬 양동옥 교수는 성관계를 거절하는 여자 친구의 "No"를 "No"로 받아들이지 않는 문화를 이야기하는데, 그러한 잔재가 아직도 젊은 세대들 사이에 남아 있는 것은 아닌지 생각해 본다. 수줍어서, 속으로는 좋으면서 "No"라고 표현한다고 지레짐작하는 것이 아니라, 상대의 "No"를 있는 그대로 받아들이고 정서적인 친밀감을 쌓아가는 데 시간을 보낸다면, 모두가 준비되고 원하는 시기에 성을 소비할 수 있게 되지 않을까?

Silence is not Consent

양동옥은 이 강연을 자신의 수업을 진지하게 듣고, 남자 친구의 계속적인 성관계 설득 앞에서 용기 있게 발언을 한, 한 여학생의 말을 빌리며 강의를 맺고 있다: "너는 나에게 계속적으로 성관계를 하자고 설득하지만, 성관계하고 싶지 않은 내 마음은 변하지 않았어. 네가 계속 나에게 성관계를 강요한다면, 그건 너의 만족을 위해서 나를 희생하라는 이야기야."[8]

8 양동옥, "성적욕구를 표현하는 서로 좋은 방법," 세바시 강연 792회 (온라인 자료)

마지 못해 동의하거나, 내가 거절하면 관계가 끝날 것 같다는 두려움에서 동의하는 것이 아니라, 자신의 내면 깊숙한 곳에서 들려오는 소리에 귀 기울이고, 진심으로 두 사람이 합의한 때에 성관계를 가질 때 정서적인 갈등도 경험하지 않을 수 있다. 자신은 원하지 않는데 한쪽의 일방적인 요구에 의해서 성관계가 이루어진 경우, 원치 않는 성관계를 갖은 사람은 "자신에 대한 후회와 절망감, 자아존중감의 저하와 같은 정서적인 문제"[9]를 경험하게 될 수 있다. 자신이 정말 사랑하는 사람이 이러한 정서적 갈등을 경험하며 내적으로 씨름하지 않도록 하는 배려와 존중을 실천할 수 있는 성숙함을 익혀나가는 성인이 될 수 있길 바란다.

"대학생의 성적 자기주장에 영향을 미치는 요인"이라는 연구에서, 김영희 외 연구자들은 "여성이 전통적인 성 태도를 지닐수록 실제 성행동에서도 수동적인 역할을 할 경향이 높으며, 수동적인 성행동은 성적 자율성을 저해하게 되어 결국 성적 만족도까지 낮아지게 된다"[10]고 밝힌다. 또한 그들은 "성역할 고정관념과 전통적 성태도는 성적 자기주장에 부적인 상관을 보인다"는 자신들의 연구 결과가 선행 연구들과 일치함을 주장하기도 한다. 다시 말해, 전통적으로 수동성과 다소곳함을 여성의 덕목으로 이해했다. 이러한 '여성다움'이라는 젠더 박스에 갇혀있는 여학생일수록 성 행동에서 수동적인 태도를 보일 경향성이 높으며, 상대방이 성적인 욕구를 표현했을 때, 자신의 뜻과는 상관없이 성관계를 가질 가능성이 높음을 시사한다 볼 수 있다. 그러면서 이 연구자들은 성적 자기주장을 할 수 있는 능력을 향상시킬 수 있는 교육이나 상담 프로그램등이 도움이 될 수 있다고 제시한다. 사회가 암묵적으로 받아들인 여성다움과 남성다움이라는 젠더 박스를 인식하고 젠더 박스 밖에서 생각하고

---

https://www.youtube.com/watch?v=CfPH5wizg3o (2024.06.06. 최종접속.)

9   김영희 외, "대학생의 성적 자기주장에 영향을 미치는 요인," 「여성건강간호학회지」 19-3 (2013), 166.

10   김영희 외, "대학생의 성적 자기주장에 영향을 미치는 요인," 「여성건강간호학회지」 19-3 (2013), 167.

살아가야 할 또 하나의 이유가 여기에 있다.

다음은 한국여성정책연구원 주체로 발행된 『2022 가정폭력실태조사 연구』에서 "성역할 태도"를 알아보기 위해 구성된 6개의 문항이다.[11] 응답 인원 9,062명 (여자 5,975명/ 남자 3,087명)의 성역할 태도를 알아보기 위해 사용된 6개의 문항에 답하고 이야기를 이어가 보자.

질문 문항	전혀 그렇지 않다	그렇지 않은 편이다	그런 편이다	매우 그렇다
1. 사회적으로 남성이 리더가 되어야 한다.	☐	☐	☐	☐
2. 성관계는 남성이 주도해야 한다.	☐	☐	☐	☐
3. 집안일은 아내가 주로 해야 한다.	☐	☐	☐	☐
4. 가정의 경제적 결정권은 남편이 가져야 한다.	☐	☐	☐	☐
5. 힘들고 위험한 일은 남성이 하는 것이 좋다.	☐	☐	☐	☐
6. 남성은 여성을 보호해야 한다.	☐	☐	☐	☐

대답이 '전혀 그렇지 않다'(1점)에 가까울수록 성역할 태도에서 평등한 태도를 가진 것으로 이해할 수 있다. 당신은 어디에 표시했는지 솔직히 답하면서 자신의 성역할 태도가 평등에 가까운지 아닌지 생각해 보길 바란다. 전체 응답자의 응답 중에서 큰 동의를 얻은 문항은 온정적 성차별주의에 해당하는 질문들이기도 한데, 바로 아래 두 개에 해당하는 질문

이다. "남성은 여성을 보호해야 한다"는 평균 3점, "힘들고 위험한 일은 남성이 하는 것이 좋다"는 2.9점으로 여자와 남자 모두 '그런 편이다'와 '매우 그렇다'에 상당 부분 표시를 했다. 공공연하게 여자를 무시하고 평가절하하는 태도가 아니라, 보호해야 한다는 이러한 태도는 무

11 한국여성정책연구원, 『2022년 가정폭력실태조사 연구』, 여성가족부 (2022), 72.

척 자비롭고 신사적인 태도 같지만, 온정적 차별주의라 불릴 수 있는 태도라는 것을 기억할 수 있길 바란다. 여자가 신체적인 연약함이 있는 것은 사실이나, 보호의 대상이 아니라, 동등한 인격을 가진 동반자이며 동료로 인식하는 것이 필요하다. 여자 역시 자신의 일은 자기가 해결하려고 최선을 다하려는 삶의 태도를 개발할 필요가 있다.

🛏 생각해 볼 문제

1. '사랑의 매'에 대한 나의 생각은?

2. SlutWalk을 통해서 지구 시민들이 전달하고 있는 바는?

3. 온정적 차별주의에 해당하는 질문에 대한 나의 대답은?

4. 데이트 폭력의 유형 중 "통제"를 알아차리기 힘든 이유에 대해 생각해 보자.

제8장

사랑과 결혼

사랑과 결혼

① 사회적 구성물로서의 결혼

'젠더'란 사회적 구성물로서 현시대 한국에서 통용되는 "여성다움"과 "남성다움"이 시대와 장소를 초월하는 개념이 아닌 것을 지금쯤은 충분히 이해하고 그 의미를 알 것이라 생각 한다. 그럼 사랑이나 결혼은 어떠할까? 사랑과 결혼도 사회적 구성물일 수 있을까? 사랑과 결혼에 대한 본격적인 이야기를 하기에 앞서 먼저 사회적 구성물로서의 사랑과 결혼이라는 개념에 대해서 생각해 보자. '사랑과 결혼'이란 말을 들었을 때 당신의 머릿속을 스치는 이미지는 어떤 것들일까? 2024년도 1학기 학생들에게 사랑과 결혼을 구성하는 요소에는 어떤 것들이 있을지 질문했다. 다음은 학생들의 답이다:

> 희생, 이해, 돈,　　정직, 책임, 이번
> 이 마지막 연애라는 확신, 가치관, 신뢰
> 책임, 둘만의 끈끈한 관계, 경제력과 희망,
> 안정적인 환경, 잘 맞는 미래계획
> 배려, 서로의 종교, 성격,
> 정열적 사랑

사랑과 결혼을 이루기 위해서 돈을 언급한 다수의 학생이 있었다. 혹시 학생들이 언급하지 않았는데, 필수적인 요소가 있다면 무엇이 있을까? 이 요소들은 세상 모든 사람이 동의할까? 시대를 초월하며 모두가 머리를 끄덕이는 요소들일까? "둘만의 끈끈한 관계"나 "이번이 마지막 연애라는 확신" 등으로 학생들이 전달한 의미를 나는 "로맨틱한 사랑"이라고 생각한다. '콩깍지가 씌게 된다'는 가슴을 쿵쾅쿵쾅 요동치게 하는 그런 감정 말이다. 녹록지 않은 삶으로 인해서 연애, 결혼, 출산을 포기했다는 삼포 세대나 오포 세대, 나아가 N포 세대까지 있다고는 하지만, 한국 사회에서 나고 자란 MZ 세대라면 결혼이라고 할 때 이런 로맨틱한 사랑을 결혼의 요소로 생각하지 않는 사람은 거의 없을 것으로 생각한다. 얼굴도 보지 않고 부모님이 정한 사람을 결혼식 날 만나길 기대하는 사람은 없다는 이야기다. 모르는 여자와 남자가 자연스럽게 만나서 서로에게 호감을 갖고 시간을 보내면서 싹트는 사랑. 시간이 가는 줄 모르고 밤새 통화하고, 종일 메시지를 주고받아도, 서로를 보고 싶어 하고, 가슴 설레는 그런 연애를 꿈꾸고 있을지도 모르겠다. 하지만, 놀랍게도 당신이 생각하는 이런 로맨틱한 사랑이 결혼의 필수요소로 고려된 것은 최근일이다. 가문끼리 결혼이 이루어지던 먼 중세시대까지 거슬러 올라가지 않아도 그 예를 찾기는 어렵지 않다.

2009년 MBC 창사특집 프로그램으로 '노인들만 사는 마을'이란 제목으로 전남 고흥군 두원면 예동마을에 사는 사람들의 이야기가 다큐멘터리로 방영되었다. 예동마을은 노인들만 사는 마을로, 주민 37명 가운데서 35명이 65세 이상의 어르신들이다. 65세이신 이장님은 이 마을에서 가장 젊은 사람이다. 82세 진 할머니와 50년을 해로하신 김경근 할아버지가 털어놓는 첫날 밤 사연을 들어보면, 할아버지는 "결혼식 날 밤 신부 얼굴을 처음 봤는데 너무 못생겨서, '내 인생은 끝났다'며 일주일을 울었다"고 한다.[1] 배우자가 될 사람이 어떻게 생겼는지 모르고 결혼을 한 것

---

1 김지영, "[방송]MBC 다큐 '노인들만 사는 마을'…주민 평균연령 76세," 동아일보 2009. 09.30.일자 온라인 뉴스: https://www.donga.com/news/Culture/article/all/ 20051118/8248629/9 2024.06.04. 최종접속.)

은 진 할머니와 김경근 할아버지 댁만의 이야기는 아니다. 젊은 세대들이 들으면 놀랄 일이지만, 예동마을에 사시는 할머니·할아버지는 모두 결혼식 날 배우자의 얼굴을 처음 봤다고 한다. 하지만, 이 마을 어르신들 중 이혼을 한 사람은 아무도 없다고 하니 참으로 신기하기만 하다. 예동마을의 할머니·할아버지뿐 아니라 이들과 출생을 같이하신 우리네 할머니·할아버지도 서로의 얼굴을 보지 못한 채 부모님이 소개해 준 사람과 결혼을 하는 것이 당연하다 여겨진 때가 있었을 터.

오늘날 젊은 세대가 생각하는 결혼을 위해 서로가 불타는 열정적 사랑을 하며, 서로를 가장 우선순위에 놓고 다른 누구와도 경험할 수 없는 정서적 교감과 친밀감을 전제하는 것은 굉장히 근대적인 발명품이다. 미국에서 결혼과 사랑에 대한 연구를 오랫동안 해온 스테파니 쿤즈(Stephanie Coontz)는 "세계 역사적 기록을 살피면, 현대 미국이나 서구 유럽에서 사랑, 결혼, 성관계가 함께 이루어져야 한다는 기대를 갖는 것은 굉장히 드문 일"[2]임을 이야기한다. 쿤즈는 다양한 결혼 풍습을 소개하면서 인류학자 에드먼드 리치(Edmund Leach)의 연구에서 스리랑카 한 마을에서의 결혼 풍습과 파푸아뉴기니의 한 지역에서의 결혼 풍습을 다음과 같이 소개한다[3]: 스리랑카의 한 마을에서 만난 19살 소녀가 벌써 일곱 번이나 결혼했다는 이야기를 듣고 그 연유를 물으니, 그 마을에서는 여자가 남자에게 요리해 주면 결혼했다고 인식이 되고, 요리해 주기를 멈추면 결혼이 끝난 것으로 이해된다고 하는 풍습 때문임을 이야기한다. 또한 파푸아뉴기니의 구루룸바(the Gururumba of New Guinea) 지역에서 여자와 남자가 조리된 요리를 함께 먹는 것을 성관계를 갖는 것으로 여겨지는 풍습이 있어서, 결혼하지 않은 여자와 남자는 같이 식사하지 않는다고 한다.

2   Stephanie Coontz, *Marriage, a History: How Love Conquered Marriage* (New York: Penguin Books, 2005), 20.
3   Edmund Leach, *Social Anthropology* (New York: Oxford University Press, 1982), Coontz, *Marriage, a History*, 30에서 재인용.

키르기스스탄과 중국에서의 결혼 풍습도 우리에게 생경하게 느껴지는 것은 마찬가지다. '유네스코아태무형유산센터라'는 유튜브 채널에 2023년 12월 정도 업로드된 동영상에서 유튜버 라이준과 키르기스스탄 여자사람 친구인 아이나직은 키르기스스탄의 결혼 문화를 이야기한다. 아이나직은 키르기스스탄 여성들에게 결혼적령기로 여겨지는 나이는 19세~20세 정도라고 이야기한다. 오늘날에도 키르기스스탄의 여자들은 여전히 부모님이 소개시켜준 남성과 얼굴을 보지 않고 결혼하고 있다. 초혼 연령대가 여자 남자 모두 30세 이상인 한국 상황에 비추어 보면, 키르기스스탄 사람들의 결혼과 사랑에 대한 이해는 우리와 무척이나 다르다 할 수 있다.

중국의 경우는 어떠할까? 중국은 결혼을 위해서 신랑의 부모가 신부 측에 전달해야 하는 약혼금(betrothal money), 일명 "신부값"이 여전히 존재한다. 결혼을 위해서 신랑은 많게는 30만 위안(한화 5천만 원), 적게는 20만 위안에 달하는 돈을 신부 측에 전달해야만 결혼이 성립된다. 이 금액은 한 개인이 도시에서는 5~7년 동안, 농촌 지역이라면 10년 동안 번 소득에 해당하는 것이라고 지적하면서, *China Daily*의 기자는 "It's time to fight the burdensome betrothal money(이제는 약혼금의 부담에 맞서야 할 때)"라는 제목의 기사를 통해서 전통이라는 이름으로 실행하고 있는 약혼금은 현대인들에게 큰 부담으로 작용하고 있음을 지적하면서, 이 전통에 대해 싸워야 할 때라는 주장을 전하고 있다.[4] 한 뉴스에 따르면, 최근 1~2년 이내에 어마어마한 약혼금을 받고 3~4개월 만에 이혼을 여러 번 하면서 약혼금으로 엄청난 이익을 챙긴 중국 여성의 신상을 공개하기로 한 법원의 판결이 있기도 했다. 헐리우드 영화를 보면서 로맨틱한 사랑을 결혼의 필수요소로 생각하며 자란 우리에게 무척 생소하게 들리는 가

4　Kang Bing, "It's Time to Fight the Burdensome Betrothal Money," China Daily 2023.05.16.일자 온라인 뉴스, (2024.06.04. 최종접속).
　　https://www.chinadaily.com.cn/a/202305/16/WS6462ce55a310b6054fad318b.html

까운 나라들의 결혼 풍습을 보면, 결혼과 사랑은 사회적인 구성물인 것을 알아차릴 수 있다.

쿤즈는 "전통적인 가정"이라고 했을 때 사람들이 흔히 생각하는 엄마 아빠와 두 자녀로 구성된 핵가족을 떠올리는 것은 미국에서 유행한 1950년대 드라마에서나 그려진 것이고 현실에서의 가족들은 형태가 매우 다양해졌다고 지적하면서, 1992년 미국 가정 중에 전통적인 가정이라고 이해되는 가정은 10%도 되지 않는다고 이야기한다.[5] 1992년 상황이 그렇다면 근 30년이 지난 2024인 현재 한국에서의 상황은 어떠할까? 현재 한국에서는 초저출생 문제가 시급한 사회적 문제로 떠오르고 있고, 1인 가구가 점점 늘어나는 추세다. 통계청 자료를 보면 2022년 지역별 1인 가구 수는 2018년부터 꾸준히 증가해서, 전국 7,502 천 가구가 1인 가구로 확인된다.

표 1 1인 가구 수

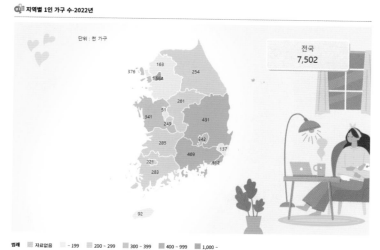

출처: 통계청, 「인구총조사」

---

5 Stephanie Coontz, *The Way We Never Were: American Families and the Nostalgia Trap* (New York: HarperCollins, 1992), 23.

(단위: 천 가구)	2018	2019	2020	2021	2022
전국	5,849	6,148	6,643	7,166	7,502

쿤즈는 중국의 한 부족(Na People of China)만 제외하고 역사적으로 결혼 형태는 다양했지만, 보편적인 사회적 기구로서 역할을 했다고 보고한다.[6] 한국뿐 아니라 세계적으로 결혼하지 않거나, 다른 형태의 결혼을 추구하는 사람들이 많아지면서, 전통적으로 이해해 온 결혼과 가족에 대해서 진지하게 고민해 봐야 한다. 결혼이란 제도가 사라지지는 않겠지만, 결혼은 사회적인 구성물임을 기억하고 내가 자라며 경험했던 결혼생활 외에 어떻게 가정을 만들어 갈 것인지 상상력을 발휘하여 창의적으로 구성해볼 수 있길 기대한다. 사회가 빠르게 변하면서 가정 역시 변하고 있고, 가정에서 구성원들의 역할 역시 변화에 발맞추어 변화되어 가야 한다. 그래서 마지막 장에서는 돌봄이 아내의 일로만 여겨지는 것이 아니라 아내와 남편 모두가 함께 돌보는 가정생활을 이루어 나갈 수 있기를 바라면서 돌봄에 모두가 참여하는 가정 생활에 대해서 논의할 것이다.

생각해 볼 문제

1. 내가 가까이에서 경험한 결혼은 누구의 것인가?

2. 위의 결혼을 관찰하면서 내가 배운 것이 있다면?

3. 나의 결혼식 디자인 해보기.

---

6 Stephanie Coontz, *Marriage, a History: How Love Conqured Marriage* (New York: Penguin Books, 2005), 24. 쿤즈가 "Na people of China"라고 언급한 부족은 중국 히말라야 산맥에 거주하는 티벳 불교도의 고대 부족 공동체로 Mosuo라고 불린다. 이들은 모계 사회를 이루고 살아가는데, 이 부족은 결혼이란 제도를 가지고 있지 않다.

② 기술(art)로서의 사랑

사회적 구성물로서의 결혼과 사랑 외에, 기술로서의 사랑을 이야기해 보자. '기술'이라고 할 때 나는 철학자 에리히 프롬(Erich Fromm)의 고전적인 책 『사랑의 기술』로부터 아이디어를 빌려 왔다. 이 책의 영어 제목은 *The Art of Loving*으로, 영어의 "예술"을 뜻하는 art를 '기술'로 번역한 제목이다. 프롬이 말하는 기술로서의 사랑은 무얼 의미하는 걸까? 프롬은

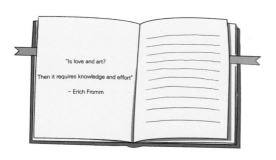

"사랑은 기술인가?"라는 질문으로 이 책을 시작하면서, "기술이라면 사랑에는 지식과 노력이 요구된다"[7]라고 말한다. 흔히들 사랑을 감정이라고 생각하지만, 프롬은

사랑은 감정을 넘어서 지식과 노력을 통하여 연마해야 하는 기술임을 이야기한다.

당신이 오랜 시간 노력하면서 연마한 기술은 무엇인가? 나는 미국에 있는 12년 동안 거의 매일 수영을 했다. 내가 오랜 기간 갈고 닦은 기술 중에 하나다. 한국에 돌아와 자유 수영을 할 수 있는 수영장이 많지 않아서 수영을 쉬고 있기는 하지만, 언제든 수영장에 간다면 자유롭게 수영을 할 수 있을 거로 생각한다. 운동 신경이 없어 처음 수영을 배울 때 레인을 한 번에 갈 수 없어서 꼭 중간에 쉬어야 했고, 다른 사람들이 자유형반을 한 달 만에 마무리 짓고 배영반으로 옮겼을 때, 나는 자유형반에 한 달 더 머물러야 했었더랬다. 하지만, 혼자서 오랜 기간 수영을 연습하다 보니, 어느 순간 폐활량은 늘어났고, 빠르지는 않지만, 쉬지 않고 오

---

7 에리히 프롬, 『사랑의 기술』 황문수 옮김, (서울: 문예출판사, 1996), 7. 원작 *The Art of Loving*은 1956년 출판됨.

랫동안 수영을 할 수 있게 되었다. 수영은 내가 가진 기술 중 하나며, 나는 이 기술을 위해서 오랜 기간 의식적인 노력을 했다. 수영이 하기 싫은 날도 있었지만, 스스로를 다독이며 하루하루 묵묵히 연습하고 시간을 보내면서 기술을 쌓았다.

우리 학교에는 미술대학과 음악대학 등 예체능을 전공하는 학과들이 있는데, 미술이나 음악을 전공하기 위해서 학생들은 오랜 기간 미술 학원에 다니고 음악 학원에 다니면서 자신만의 기술을 연마해야 한다. 좋아서 그림을 그리고 악기 연습을 할 때도 있겠지만, 싫을 때도 오고 과도기도 찾아오기 마련이다. 이런 고비를 넘기지 못한다면 제대로 된 기술을 연마하기란 쉽지 않을 터. 자신이 원하는 기술을 획득하기 위해서 우리는 배우고 연습하고 의식적으로 노력해야 한다.

난 스물여덟에 미국으로 떠나서 박사학위를 마치고 한국에 사십이 다 되어서 귀국을 했다. 미국에 있으면서 한국 음식이 먹고 싶어, 요리한다고는 했지만, 그 외 집안 살림을 위해서 시간을 드리고 노력해 본 일이 거의 없다. 한국으로 돌아와서는 대학에서 가르치면서 더욱 시간이 없어져 그나마 하던 요리도 손을 놓게 됐다. 최근 수납과 정리를 위한 유튜브 채널을 볼 일이 있었는데, 살림은 특화된 영역이어서, 오랜 기간의 노하우와 기술이 요구되는 영역이란 걸 느끼게 됐다. 세탁기로 빨래를 돌리고, 먹은 식기를 설거지하고, 자고 일어난 침대를 아침마다 정리한다고 해서 살림이 되는 게 아니다. 구석구석 수북이 쌓인 먼지와 욕실의 물 때 등 집 안을 쾌적하게 유지하기 위해서는 끊임없는 전문적인 손길이 필요하다. 영어 공부를 하거나, 공무원 시험을 공부하는 것과는 다른 형태의 배움이지만, 살림은 저절로 할 수 있는 게 아니라 배우고 익혀야 하는 영역이다. 사랑도 마찬가지다. 사람으로 태어나면 누구나 저절로 사랑할 수 있는 게 아니다. 사랑은 감정(feeling)뿐 아니라 의지(will)를 담아 노력하고 지식을 쌓아가야 하는 영역이다.

프롬은 사랑이 기술이라고 주장하면서, 영어 표현에서 "사랑에 빠진다"는 "fall in love"라는 표현이 큰 오해를 불러일으킨다고 지적하는데, 이 표현에 의하면 의지는 온 데 간 데 찾을 수 없고 감정이 전적인 주체로 두드러지기 때문이다. 사랑에 빠지기보다, 사랑하기로 의지를 담아 선택하는 것이 프롬이 이야기하는 기술로서의 사랑과 더욱 가깝지 않을까 생각한다. 선택에는 책임이 따르는 법이니, 노력하면서 책임 있게 사랑하는 법을 배워가야 한다. 프롬의 기술로서의 사랑을 다른 말로 하자면, '동사(verb)로서의 사랑'이라고 말하고 싶다. 2000년대 유명했던 "사랑은 움직이는 거야"라는 TV 광고의 카피문구가 생각나기도 하는데, 명사로서의 사랑이 아니라, 행동하고 실천으로 옮겨야 하는 사랑을 의미한다. 종교나 인종에 상관없이 세계 많은 사람들에게 익숙한 사랑에 대한 구절 중 신약 성경의 고린도전도 13장에 등장하는 다음의 구절이지 않을까 생각한다:

> 사랑은 오래 참고 사랑은 온유하며 시기하지 아니하며 사랑은 자랑하지 아니하며 교만하지 아니하며 무례히 행하지 아니하며 자기의 유익을 구하지 아니하며 성내지 아니하며 악한 것을 생각하지 아니하며 불의를 기뻐하지 아니하며 진리와 함께 기뻐하고 모든 것을 참으며 모든 것을 믿으며 모든 것을 바라며 모든 것을 견디느니라
>
> 고린도전서 13장 4~7절

이 본문은 내 결혼식에서의 주례 말씀이기도 했다. 구약학자셨던 주례자님께서 전해 주신 내용 중 기억에 남는 것은 신약 성경이 쓰여진 헬라어 본문에서, 사랑을 이야기하면서 모두 동사를 사용했다는 것이다. 영어로 "love is patient, love is kind"라고 읽히는 이 본문은 원래 헬라어로 쓰였다. 한글에서 "오래 참다", "온유하다"라는 동사를 사용해서 사랑

을 이야기하는 것처럼, 원어인 헬라어에서도 모두 동사를 사용해 사랑을 이야기하고 있다. 사랑한다면 행동해야 한다. 두 번째로 이 동사의 시제는 모두 현재형이라는 부분이다. 사랑하기 위해서는 지금 여기가 중요하다. 이 구절을 통해 내가 이야기 하고 싶은 것은 이 본문에서 사랑을 이야기할 때, '아가페(ἀγάπη)'라는 헬라어를 사용하고 있다는 것이다.

헬라적 세계관에서 사랑을 표현할 때 여러 명사들이 있다. 예를들어, 친구 사이의 사랑은 '필리아(φιλία),' 가족 사이의 사랑은 '스토르게(στοργή),' 그리고 육체적인 사랑은 '에로스(ἔρως)'라는 별도의 명사를 사용한다. 고린도전서 13장에서 사랑을 이야기할 때 하나님의 무한한 사랑을 뜻할 때 사용하는 '아가페'를 사용하고 있다. 하나님처럼 무조건적으로 사랑할 수 있는 사람은 없다. 우리는 모두 한계를 가진 인간이다. 하지만, 감정을 넘어 의지를 담아 기술로서의 사랑을 익히고 연습한다면 인간인 우리가 하나님의 사랑을 모방해 갈 수 있지 않을까 생각해 본다.

사랑은 일시적인 감정을 넘어서 배우고 훈련을 해야 하는 영역임을 기억하자. 감정으로서의 사랑을 부인하고 싶지는 않지만, 로맨틱한 사랑에서 더 단단한 사랑으로 나아가기 위해서 사랑이 갖는 의지적 측면에 눈을 뜰 수 있어야 한다. 불타는 사랑이 식고, 서로를 배려하고 위해주며

살아가는 것은 저절로 되는 것이 아니라 이를 위해 우리는 노력해야 한다. 훌륭한 결혼이란 발견하는 것이 아니라, 만드는 것이고 훌륭한 결혼이 되기 위해서 계속 노력해야 한다는 말은 바로 프롬이 말한 기술로서의 사랑과 조화를 이루고 있다. 그렇다면 배우고 익혀야 하는 사랑의 기술에는 무엇이 있을까? 미국의 부부

치료사인 존 가트만(John Gottmann)이 소개하는 기술을 이야기해 보자.

가트만은 사랑이 신비한 감정이 아니라 과학적으로 접근할 수 있는 분야라고 이해했다. 시애틀의 워싱턴 대학(University of Washington)의 심리학과 교수였던 가트만은 대학교 캠퍼스의 기숙사 하나를 '사랑 연구소'(love lab)로 꾸며, 24시간 동안 거기에 머무는 커플들의 상호작용을 관찰하고 비디오로 찍어 초 단위로 그의 연구팀과 분석했다. 심장박동이나 땀, 그리고 스트레스 호르몬까지도 측정의 대상이었고, 이런 연구 끝에 행복한 부부와 이혼하는 부부의 특징을 기반으로 1999년 *The Marriage Clinic*(결혼 클리닉)이라는 책을 펴낸다. 서로 소통할 때 긍정인 교환도 있을 수 있고, 감정이 상하는 부정적인 교환도 있을 수 있다. 하지만, 부정

| 그림 1[110]

적인 교환이 모두 동일하게 나쁜 효과를 나타내는 것이 아니라고 이야기하면서, 부부 사이에서 가장 부정적인 영향을 미치는 교환으로 비난, 방어, 경멸, 그리고 의도적인 침묵을 소개한다.[9]

가트만은 이 네 가지를 이혼하는 부부들의 특징으로 이야기하고 있지만, 이 네 가지는 모든 종류의 관계에 적용될 수 있다. 관계를 망치는 네 가지 독으로 소개해 보자. 첫 번째로, 비난은 지엽적인 일에서 시작해서 그 사람의 인격까지 몰아세우는 지적을 의미한다. 한 가지 일에 대한 불평과 비난은 다른데, 재활용을 버리겠다는 약속을 지키지 않은 것에 대해 불평을 하다가, 이렇게 약속을 지키는 않는 걸 보니 "이기적이다"라거나, "항상 이런 식이다"와 같이 상대방의 사람됨을 언급하는 단계까지 나

8 John Gottmann, *The Marriage Clinic: A Scientifically Based Marital Therapy* (New York: Norton and Company, 1999), 41.

9 (온라인 자료) https://mainlinecounselingpartners.com/the-gottman-method/ (2024.07.01. 최종접속).

아간다.

비난받고 기분이 좋아질 사람은 아무도 없다. 그런데 비난을 하는 사람은 왜 비난을 하는걸까? 많은 경우 그건 바로, 상대의 행동을 바꾸고 싶기 때문이다. 하지만, 기분이 상하면 아무리 옳은 이야기라 해도 귀에 들리지 않는 법이다. 보통 소통이 이루어질 때, 우리는 상대의 행동을 지적하면서 "you message"를 사용하곤 한다. 비난은 대표적인 you message다. 친밀한 관계에 있는 상대를 설득시키고, 내가 목표하는 것을 효과적으로 소통하기를 원한다면 you message가 아니라 "I message"를 사용해야 한다. "You message"는 나는 없이 너를 전달하는 소통인 반면, "I message"는 너로 인한 나를 전달하는 소통방식이다. 하지만, I message는 많이 들어보지 않았기 때문에 반복적인 훈련이 있을 때만 자연스럽게 사용할 수 있게 된다. 다음은 I message를 사용하는 단계다.

| 그림 2 "I message"를 사용하는 단계

단계 03 구체적인 요구사항 말하기

단계 02 너의 행동으로 인한 나의 감정 전달하기

단계 01 상황을 있는 그대로 묘사하기

다음의 상황 앞에서 I message 사용을 연습해 보자.

1. 연락이 잘 닿지 않는 여자/남자친구와의 대화
→

2. 저녁 9시로 통금시간을 정해 놓은 부모님과의 대화
→

3. 화장실청소를 하지 않는 룸메이트와의 대화
→

상호작용하면서 비난을 들으면 보통 사람들은 자신의 잘못을 인정하기보다는 방어하면서 상대의 잘못이나 자신의 잘못 없음을 밝히려고 한다. "당신은 참 이기적이야!"라는 비난을 듣고 "미안해"라는 반응을 하기보다는 "그러는 당신은 어떻고?"라는 반응을 기대하는 것이 더 현실적이다. 비난과 방어를 자주 사용하는 커플은 다람쥐 쳇바퀴 돌 듯이 관계가 앞으로 나아가지 못하고 제자리에 머물 수 있다. 심한 경우 관계는 퇴보하기도 한다. 상대가 나를 비난할 때, 억울한 마음이 들겠지만, 부분적으로 진심을 담아서 인정하는 것이 상대의 화를 누그러뜨릴 방법이란 걸 기억하는 것은 도움이 된다. "왜 이렇게 항상 늦게 들어오니?"라는 어머니의 비난 앞에서 "뭐가 항상이야?"라는 가시 돋친 방어 대신 "요즘 제가 좀 늦었죠? 죄송해요"라고 반응할 수 있다면, 소통은 더욱 원활하게 일어나게 될 것이다. 누군가의 비난을 들었다면, "요즘엔, 요새, 오늘은" 등을 통해서 부분적인 책임을 인정해보자. 상대의 화가 누그러뜨려지는 것

을 경험하게 될 것이고, 나아가 대화가 기대하지 않은 방향으로 흘러가는 것을 경험할 수 있게 되길 바란다.

세 번째 가트만이 이야기하는 관계에서의 독은 경멸이다. 경멸이란 비언어적인 표현으로 상대방보다 자신이 더 우월한 존재임을 나타내는 것이다.[10] 비웃음이란 것이 상대를 하찮게 여길 때 나올 수 있듯이, 경멸은 비언어적일 수도 있고, 언어적인 표현으로 표현되기도 한다. "돌대가리, 멍청이" 등 상대의 인격을 무시하고, 자신이 상대보다 나은 존재라는 걸 상호작용에서 교환하는 많은 가족 구성원들이 있다. 아내가 무언가를 설명하려고 할 때, 남편이 "당신이 뭘 안다고 그래?"라고 하는 핀잔의 말을 하는 것을 옆에서 들은 일이 있다. 그 말을 듣고, 아내가 무안해 할까봐, 미안한 마음이 들었는데, 들은 아내는 정작 아무렇지 않았다. 그런 말을 너무 자주 들어서 얼마나 인격적으로 공격을 받았는지 무감각해진 듯했다. 아이들과의 관계에서나 부부 관계에서 서로 존중하고 사랑한다고 표현하기보다, 다른 사람에게는 할 수 없는 욕지거리를 내뱉으며 살아가는 경우가 왕왕 있다. 가장 사랑하는 사람으로 시작해서 함께 살아가면서 비난과 방어를 넘어서 경멸의 표현을 주고받고 살아가는 가족들이 많다는 것은 참으로 안타까운 일이다. 비난과 방어도 상처를 주지만 경멸은 마음에 깊은 상처를 남기며 치명적인 부정적 역할을 한다. 경멸이 남긴 상처를 치유하고, 개선된 소통을 하기 위해서 어떤 대안이 있을까?

긍정심리학에서는 인간의 심리가 꽃피기 위해서 긍정과 부정의 비율이 3:1이 되어야 한다고 주장한다.[11] 혼이 나거나 부정적인 피드백을 한 번 받았다면, 칭찬과 격려가 3번 필요하다는 이야기다. 물과 얼음이 H_2O라는 똑같은 구성요소로 이루어졌지만, 임계점(tipping point)에 달하면 얼기도 하고, 얼었던 것이 녹기도 하면서 완전히 다른 형태로 존재하게 되

---

10 Gottmann, *The Marriage Clinic*, 45.

11 Barbara L. Fredrickson, *Positivity: Discover the Upward Spiral that Will Change Your Life* (New York, Harmony Books, 2009), 121.

는 것처럼, 사람이 번성하고 꽃피는 임계점은 긍정의 비율이 부정을 3:1만큼 앞설 때라고 펜실베니아 대학(University of Pennsylvania)의 심리학 교수인 바버라 프레드릭슨(Barbara L. Fredrickson)은 주장한다.

프레드릭슨의 주장을 경멸이라는 부정적인 교환을 하는 부부 관계에 적용한다면, 한 번의 경멸을 했다면 3번 이상의 칭찬과 호감을 표현하는 일이 있을 때에만 부부 관계는 회복되고 번영으로 나아갈 수 있는 것이다. 하지만 나는 경멸이 갖는 치명적인 부정성으로 인해서 반드시 3번 이상의 호감과 존중을 표현하는 일들이 있어야 한다고 생각한다. 잘못했을 때 용서를 구하고 사과를 하는 일을 넘어서 장점을 찾아 이야기해 주고 베푼 친절을 당연히 여기지 않고 감사를 표현하는 의도적인 노력이 필요하다. 여자친구 남자친구의 장점이나, 가족 구성원들의 장점을 30개 이상 적어 볼 수 있을까? 단점을 더 쉽게 찾고 지적하는 성향을 가진 우리는 장점을 보고 호감을 표현하기 위해서 노력해야 한다.

마지막으로 관계를 망치는 독은 의도적인 침묵이다. 가트만이 원래 사용한 용어는 'Stonewalling'으로 '담쌓기'로 표현될 수 있는데, 의도적으로 말하지 않으면서 상대를 고통받게 하는 방법으로 사용되는 경우가 많다. 세계적으로 이혼률이 하늘을 찌르고 있지만, 의도적인 침묵을 하면서 소통하지 않은채 살아가는 정서적인 이혼을 한 부부까지 합한다면, 이혼률은 더욱 증가할 것이라 생각된다. 의도적 침묵으로 상당 기간을 보낸 부부라면, 관계회복을 위해서는 전문적인 도움이 필요하다. 비난과 방어, 경멸까지는 부정적이긴 하지만, 소통을 하는 차원이다. 하지만, 비난과 방어, 그리고 경멸을 하면서 너무 많은 상처가 남겨지고 긍정적인 교환은 거의 없을 때 상처받지 않기 위해서 소통을 차단하는 일이 바로 의도적인 침묵이다. 부부로 살아가기 위해서 소통은 너무나 중요하다. 성경 에베소서에는 "해가 지도록 분을 품지 말라"라는 말씀이 나오는데, 이 말을 부부 관계에 적용해 보면, 잠자리에 들기 전에 꼭 서로에게 있는 부정적인 감정은 해소할 것을 권하고 싶다. 다툼이나 논쟁의 수위가 높아갈 때 논쟁을 잠시 멈추는 것은 중요하다. 그리고 각자 자기를 진정할 수 있는 방법으로 시간을 보내고 하루가 다 가기 전에 서로의 마음을 나누는 시간을 갖을 수 있도록 해 보자.

가트만은 사랑 연구소에서 하루를 보내는 부부가 어떤 방식의 상호작용을 하는지를 분석해서 91%의 정확도를 가지고 이 부부가 이혼할 것인지, 아니면 계속 결혼 생활을 유지할 것인지 예측이 가능하다고 이야기한다. 그러면서 이 네 가지 외에 이혼하는 부부의 또 하나의 특징을 이야기하는데, 바로 영향력을 받을 수 있는 능력의 부재를 손꼽는다. 가트만은 아내가 합리적인 제안을 할 때 조차도, 영향력을 받아들이기를 거절하는 남편들을 언급하면서,[12] 이런 경우 행복한 가정생활을 유지하기 어렵다고 이야기한다. 결혼이라는 제도로 묶인 부부가 되는 것은 한 배를 타고 인생이란 바다를 함께 항해해 나가는 것이다. 이를 위해 부부는 서로의 의견을 제시하고, 더 합리적인 의견을 받아들이며 서로의 의견을 수정해 나가는 유연함을 보여야 한다. 의견을 받아들여 수용하고 자신을 수정해 갈 수 있는 사람이야말로 뛰어난 리더의 면모를 갖추는 것이다. 리더는 혼자 결정하고 끌고 나가는 사람이 아니라, 함께 논의하고 가장 합리적인 의견을 채택해 책임지고 나아가는 사람이다. 가트만이 이야기하는 기술로서의 사랑이 익숙해질 때까지 의식적인 노력을 통해 연습하고 훈련해 볼 수 있길 바라본다.

---

12 Gottmann, *The Marriage Clinic*, 63.

1. 사랑은 기술(art)이란 의미는?

2. 가족 구성원의 장점을 30개씩 적어서 메시지를 보내보자.

3. 관계를 망치는 네 가지 독 중에서 내가 훈련해야 하는 영역이 있다면?

4. 나는 상대방의 영향력을 받아들이는 능력이 있는가?

제9장

대접받고 싶은 대로
대접하기

대접받고 싶은 대로 대접하기

내가 좋아하는 교육자 중 한 사람은 *The Last Lecture*(2008)의 저자인 랜디 포쉬(Randy Pausch)다. 카네기 멜론 대학(Carnegie Mellon University)의 컴퓨터 공학 교수였던 그가 세상에 알려진 것은 2006년 9월 췌장암에 대한 최초 진단 이후, 2007년 8월에 "세 달이나 길면 육 개월이 남았다"는 사망선고를 받은 후, 2007년 9월 18일에 "The Last Lecture: Really Achieving Your Childhood Dreams(마지막 강의: 어릴적 꿈을 진짜로 성취하기)"라는 제목으로 진행한 그의 강의가 유튜브를 통해서 퍼져나가면서였다. *The Last Lecture*는 그의 강의를 바탕으로 죽기 전 자신의 아이들에게 하고 싶은 말들을 남긴 유언과 같은 책이다.

이 책에서 포쉬는 교육에 있어서 학생들이 배울 수 있도록 가르치는 것은 참으로 가치 있는 것이라는 데 동의하지만, 자신이 더욱 가치 있게 여기는 것은 "학생들 스스로 자기 자신에 대해서 판단할 수 있도록 가르치는 것"[1]이라고 한다. 자신에 대해서 판단하고 평가할 수 있도록 돕기 위해서 자아 성찰적(self-reflective)이 되도록 가르쳐야 한다고 쓰고 있다. 공학자인 포쉬의 입에서 나오는 이 말이 내게는 무척이나 인상적이었다. 상담을 전공한 누군가가 자아 성찰적이 되는 것이 성숙한 인간이 되기 위해서 얼마나 중요한 도구인지 말했다면 크게 인상 깊지 않았겠지만, "공대 오빠"인 포쉬가 교육의 목표가 학생들이 자아 성찰적이 되도록 하

---

1 Randy Pauch and Jeffrey Zaslow, *The Last Lecture* (New York, Hyperion, 2008), 112.

는 것이라고 한 말은 참으로 인상깊었다.

포쉬의 말을 쉽게 풀어보자. 물고기를 잡아 주는 것이 아니라 물고기를 잡는 방법을 알려주어야 한다는 교육의 목표는 가치 있다. 하지만 포쉬가 더 중요하게 여기는 것은 물고기를 잡는 법을 깨우칠 뿐 아니라, 물고기를 잡는 과정에서 무엇을 실수했는지, 잘한 것은 무엇인지, 또는 동료들과 협업하는 과정에서 나의 모습은 어떠했었는지 등을 돌아보는 능력을 학생들이 배양하도록 하는 것이 그의 교육의 목표라는 것이다. 대학을 다니면서, 물고기 잡는 법도 배우지 못하는 학생들이 있으니, 물고기 잡는 법이라도 가르쳐야 한다고 주장하는 사람들도 있을 수 있다. 물고기 잡는 법을 배우는 것은 너무나 중요하다. 하지만, 물고기를 잡는 법을 배우는 과정 속에서 자아성찰을 할 수 있는 능력을 배양할 수 있다면, 경제적인 풍요만이 아니라 인간으로서 더 성숙한 관계를 맺으며 살아갈 수 있을 것이라 믿는다.

나는 나와 함께 한 학기 수업을 하는 학생들이 자기를 평가하는 방법까지 배울 수 있기를 희망한다. 이러한 배움은 학습자가 배움의 과정에 적극적으로 참여할 때 일어날 수 있다. 서두에서 이야기한 상실로서의 배움 역시 자기 성찰적인 태도를 배양할 때 이루어질 수 있다. 그런 의미에서, 나는 내가 가르치는 것보다 학생들이 배우는 것에 더 큰 관심을 갖는다. 매 학기 학생들이 제출하는 과제를 꼼꼼히 읽는 이유는 학생들이 무얼 배우고 떠나는지가 내가 무얼 가르쳤느냐보다 더 중요하기 때문이다. 학생들이 스스로 배우고, 성찰할 수 있는 기회를 주기 위해 학생들이 배움의 주체가 되는 과제를 2022년 가을학기 실험적으로 부과하게 됐다.

바로 그 과제가 이 수업의 꽃인 '1:1 친구 만들기' 과제다. 이 과제를 마친 학생들은 자신의 경험을 보고서로 써서 제출하는데, 학생들의 보고서를 읽을 때마다[이 글을 쓰는 현재 4번째 과제를 마쳤다], 나는 학생들이 배움의 주체가 된 이 활동에서 얻는 바가 나의 상상 이상임을 느끼면서, 이 과제는 학생들에게 큰 유익을 줄 수 있다는 확신을 가지게 됐다.

이 과제는 학생 스스로 배움의 주체가 되어 관계를 쌓고 만들어 가면서 자신에 대해서 알아가고, 전혀 모르는 사람과의 관계를 만들어 가는 법을 경험하는 것을 목적으로 한다. 젠더가 사회적 구성물이란 것과 결혼과 사랑이 사회적 구성물이란 걸 학습하는 이유는 더 나은 세상을 만들어 가기 위한 밑거름이다. 세상은 나와는 다른 사람과 함께 살아가는 곳이다. 스스로 학습의 주체가 되어서 과정을 디자인하고, 모르는 사람과 시간을 보내면서 자신을 알고 성장하는 시간이 되길 바란다. '데이트'라는 용어가 많은 학생들에게 부담감으로 작용했기 때문에, 과제 이름을 '1:1 친구 만들기'로 바꾸어 진행하고 있지만, 학생들 사이에서는 여전히 '데이트 과제'로 알려져 회자되는 듯하다.

교양 과목 '성과 사랑'이라고 하면 다들 데이트 과제를 떠올릴 것이다. 나도 에브리타임에서 그 과제와 관련된 글만 수없이 봐왔는데, 사실은 친구 만들기 활동이지만, 대다수의 사람들에게 '데이트 과제'로 통하고 있다.

-학생 과제 중-

이 과제가 학생들에게 유익을 준다고 생각했던 가장 큰 이유는 무엇보다, 코로나 팬데믹은 지났지만, 여전히 많은 학생이 고립 속에서 살아가고 있는 현실 때문이다. 고등학교를 졸업하고 부푼 꿈을 가지고 대학을 진학했지만, 졸업 후 취업 준비에 대한 부담과 각종 아르바이트 등으로 인간관계를 꽃피울 기회를 다들 얻지 못하고 있는 안타까운 상황을 접하게 되면서였다. 다음 학생들의 이야기를 들어보자:

🎙 학생 A

나는 어렸을 때부터 유난히 내성적인 성격이었다. 때문에 초등학교, 중학교, 고등학교를 거쳐 지금 다니고 있는 대학에서도 내 인간관계는 좁고 깊었다. 이런 나에게 있어서 친구 만들기 활동이란 너무나도 큰 도전과 같았다.

학생 B 🎙

대학 생활을 하며 전공이 활동적이지 않다보니, 친구도 없다시피 해서 더욱이 다른 과 사람들과는 접점이 없었던 나는, 편한 사람을 제외하고는 혼자 조용히 다니는 것이 익숙했다. 예전에는 외향적인 성격이었지만 조용히 공부만 하면서 다니다 보니 사람 만나서 같이 시간을 보내는 것이 정말 힘들어졌고, 그래서 '친구 만들기'라는 과제는 일단 걱정부터 앞섰다. 뽑기를 통해 무작위로 걸리는 모르는 사람과 4시간을 보내야 한다는 미션은 나에게는 정말 부담스럽게 다가왔다. 그 시간 동안 무엇을 해야 하는지, 어떤 음식을 먹어야 하는지, 어떤 이야기를 나눠야 하는지 정하는데 정말 고민도 많이 했다.

🎙 학생 C

나는 새로운 사람을 사귀는 것에 대하여 거부감이 큰 사람이다. 이유는 말하자면 길지만 간단히 말해 혼자가 더 편했기 때문이다. 늘 혼자인 하루였다. 어느 날은 말을 한 번도 하지 않고 하루를 보내는 날도 있다. 그만큼 나에게 친구는 중요한 요소는 아니었다. 하지만 이번 수업으로 난 강제 친구가 한 명 생겼다. 심지어 이성으로! 걱정이 제일 컸던 것 같다.

MZ 세대는 태어나면서부터 디지털 기기들을 가지고 놀았다는 이유로 이들을 '디지털 네이티브(digital native)'라고 부른다. 이 이름에 걸맞게 이들 사이에서는 아주 많은 소통이 전화기나 컴퓨터 등 기계를 통해서 일어나고 있다. 길거리를 걸을 때도 이어폰을 끼고 무언가를 보거나 들으며 걷는 모습을 흔히 볼 수 있다. 하지만, 이들이 아날로그 방식의 소통보다 기계식 소통을 더 편하게 생각할 것으로 생각하는 것은 큰 오해일 수 있다. 학생들과 소통을 하면 할수록 어떤 세대에 속했든지 간에 모든 인간에게 아날로그 방식의 소통은 너무나 중요하며 필수적이라는 결론에 이르게 됐다. 세대만이 아니다. 피부색, 성별 등등 인간은 아주 다른 것 같지만 큰 공통점을 가지고 있다. 미국의 인류학자인 클라이드 클루크혼(Clyde Kluckhohn)의 유명한 문구가 의미하는 바가 무엇인지 생각해 보자:

Every human is like All other humans Some other humans, and No other human.	모든 인간은 다른 모두와 같거나 일부의 사람들과 같거나 아무와도 같지 않다.

▶ 내가 다른 모든 사람과 공유하는 공통점은?

_____

_____

▶ 내가 일부의 사람들과만 공유하는 공통점은?

_____

_____

▶ 아무와도 공유하지 않는 나만의 독특함은?

_____

_____

모든 사람은 다른 누구와도 공유하지 않는 개성을 가진 존재이기도 하지만, 의미 있는 관계 속에서 꽃피는 공통점을 지녔다. 고립 속에서 행복감을 느낄 수 있는 사람은 없다. 타 전공 학우들과 의미 있는 소통이 이루어지는 장(場)으로서의 수업이 되길 바라본다. 나이가 들면서 인간관계는 좁아지게 되어 있는 것을 생각한다면, 대학교는 당신의 인생에서 가장 다양한 인간관계를 경험할 수 있는 마지막 단계일 수 있다. '다름'을 '틀린 것'으로 이해하려는 마음의 작동방식으로 사람들은 주로 비슷한 사람들끼리 어울려 지낸다. 비슷한 사람들 속에서 반복되는 일상을 살면서 안전지대에 머무르며 살아간다.

이 과제는 학생들이 안전지대를 벗어나 성장지대로 나아가는 기회 역시 제공해 준다. 학생들이 모르는 사람과 의사소통을 앞에 두고 느끼는 공통적인 감정은 두려움이다. 물론 셀렘도 포함된다. 하지만, 처음 단계에서 두려움은 셀렘보다 크다. 하지만, 몇 마디 주고만 받아도 막연하게 갖고 있던 두려움은 온 데 간 데 없어진다. 안전지대를 벗어나 성장지대로 나아가기 위해서 용기가 필요한 것처럼, 모르는 사람을 알아가는 데는 큰 용기가 필요하다. 용기를 내서 말을 건네고, 나를 표현하면서 스스로를 알아가 보길 바란다.

태어나 "독립"을 향해 발달해 가지만, 인간은 결코 독립적으로 존재할 수 없다는 것을 나이가 들어가면서 더욱 체감한다. 발달 심리학적으로 가장 독립을 이룬 시기는 경제적으로나 사회적으로 가장 왕성하게 경제활동을 하는 40대~50대라 할 수 있을 듯하지만, 제아무리 성공적인 활동을 한다 쳐도 농부의 쌀농사가 없이는, 어제 온라인으로 주문한 물건이 집 앞에 배달되기까지의 일손이 없다면 당장의 삶에서 불편을 겪을 것은 너무나 분명하다. 독립이라는 가치가 중요하게 여겨지지만, 인간의 생존과 번영을 위해서 상호의존이라는 가치는 독립만큼 중요하다.

전혀 모르는 타인을 만나서 자기를 소개하고 접점을 찾아가며 3~4시간을 함께 보내면서 학생들은 인간관계를 맺는 새로운 방식을 경험하게 된다. 모르는 사람을 만나 상당 시간을 함께 보내야 하기 때문에 내적인 부담감을 느낀 학우들도 많이 있지만, 인간이 살아가는 데 있어서 가장 기초적인 법칙을 지킨다면 이 과제는 성공적으로 마쳐지게 마련이다. 이 과제를 위해서 누구나 지켜야

하는 가장 기초적인 규칙은 "Golden Rule"이라고 알려진 "대접받고 싶은 대로 남을 대접하라"이다. 이 말씀은 예수께서 그를 따르는 제자들에게 가르쳐준 것으로 본래 마태복음(7:12)과 누가복음(6:31)에 등장하고 있어 기독교인들이 따라야 하는 윤리로 가르쳐지고 있지만, 종교나 인종에 상관없이 보편적으로 인간 모두에게 적용되는 규칙이라 하여 Godlen Rule 이라는 명칭을 얻게 됐다. 다음 한 학우의 보고서 읽어보고, 이야기를 이어가보자:

학생 D 🎤

내 짝꿍이 정해진 날 우리에겐 서로를 소개할 짧은 시간이 주어졌다. 15분이었는지 20분이었는지 정확히 기억은 안 나지만 내겐 1시간 같던 시간이었다. 날은 제법 쌀쌀했다. 덕분에 날씨 얘기로 이야기의 물꼬를 틀 수 있었다. 그 학우도 처음에 어색함을 풀기 위하여 농담을 던졌는데 꽤 불쾌한 농담이었다. 당황하지 않고, '그건 좀 아닌 것 같다. 불편하다' 표현하니 바로 잘못을 인정하고 사과했지만 마음은 계속 불편했다. 그 농담은 정말 다음에 만나기로 한 날이 커다란 짐처럼 느껴지게 한 한 마디였다.

드디어 만나기로 한 날이 밝아왔다. 전날부터 계속 걱정을 하였다. 무거운 몸을 이끌고 약속장소에 도착했을 때 애써 웃으며 서로를 반겼다. 내 예상과는 다르게 그 학우는 날 만나자마자 요전에 일(불쾌했던 농담)에 대해 직접 언급하며 진지하게 사과를 한 번 더 했다. 그 모습에 난 감동을 받았고, 마음의 문을 살짝 열 수 있었다.

실수는 누구나 할 수 있다. 긴장한 상태에서 어색함을 없애려고 오디오를 채우다 보면, 의도치 않게 실수할 수 있다. 상대의 이야기가 불편했다면, 불편함을 기분 나쁘지 않게 전달하는 것도 아주 중요한 기술이다. 즉각적이고 진실한 사과가 있다면 사람과 사람이 만나서 이어지는 관계는 계속 발전해 나갈 수 있다. 상대가 나한테 해주었으면 하는 대로, 내가 그 사람을 대해주면 모든 인간관계는 성공적일 수 있음을 기억하자.

약속 시간을 잡으려고 소통을 하는데, 문자를 읽지도 않고 심지어 읽어 놓고 아무 답이 없다면 어떻게 느껴지겠는가? [이런 소통의 방식을 택하고 있다면, 이런 소통방식을 택하고 있는 자신의 모습을 성찰할 수 있길 바란다. 무엇이 당신으로 하여금 이러한 방식의 소통을 채택하게 하고 있는 것일까? 당신이 진짜 두려워하고 있는 것은 무엇인가 질문하고 답해 볼 수 있길 바란다.] 핸드폰과 거의 붙어서 지내는 현대인들의 삶의 방식을 고려할 때, 과 행사가 아무리 바빠도, 수업이 아무리 많아도 "바빴어요"라는 말로 해명될 수 없는 일이다. 누군가 나의 문자를 그렇게 응대했다면, 무례한 일이고 심하게는 '무시했다'는 느낌을 받을 수도 있다. 또는 '나를 만나기 싫은가?' '내가 짝이 돼서 기분이 안 좋은가?' 등의 기분이 들지 않을까?

국적과 피부색에 상관없이 모든 인간은 상호작용을 하는 과정에서 상대가 자기를 존중해 주고 있는지 직감적으로 안다. 여러 번의 소통 끝에 어렵게 만남의 자리를 마련했는데, 카페에 앉자마자 "빨리 끝내죠?"라는 말을 상대로부터 듣는다면 어떤 기분일까? ["빨리 끝내죠?"라고 불쑥 말해버린 사람의 내면에는 어떤 감정이 있었을까? 두려움을 귀찮음으로 표현한 건 아닐까?] 모르는 사람을 만나서 함께 시간을 갖게 될 때 내가 가진 부담감만큼 상대도 동일한 어려움을 가지고 있다는 점을 기억하고 이 어려움을 서로가 배려하면서 이겨나갈 수 있기를 바라며, 다시 한번 골든 룰을 되새기길 바란다: "대접 받고 싶은 대로 남을 대접하라!"

랜덤으로 짝꿍을 정해줄 때 학우들은 내심 "좋은 짝꿍 만나게 해주세요"라는 바램을 되뇌는 것 같다. 자 이제 짝꿍이 정해질 때 "좋은 짝꿍이 되어 주어야지"라고 마음 먹자. 몇몇 학우들의 경험에 주의를 돌려보자:

🎤 학생 E

> 내 성격은 처음 본 사람과 어색한 분위기를 좋아하지 않아서 표정에서 다 드러나는 스타일이다. 랜덤으로 짝이 정해지는 방식이라서 엄청 놀랐다. 성향 비슷한 사람끼리 했으면 좋겠는데 누가 나올지 몰라서 놀라고 긴장했다.

학생 F 🎤

> 처음 친구만들기라는 과제가 있다는 걸 모르고 있었기 때문에 이 공지를 들을 때에 걱정이 많았다. 짝꿍도 랜덤이라서 좋은 사람 만났으면 좋겠다고 생각했다. 나는 내성적이고 집순이라서 친구들이 아니면 밖으로 나갈 일도 별로 없는데 과도 다르고 전혀 말도 해보지 않은 사람을 만나는 게 좀 힘들게 느껴질 것이라고 생각했다.

🎤 학생 G

처음 과제를 접했을 때에는 부담스럽고 불편한 과제라고 생각했다. 나이를 들수록 다양한 사람과 접하는 것보다 이미 접한 사람들과의 관계에 더 열중하다 보니 처음 만난 사람과 카페를 가고 밥을 먹는 등의 행위를 하는 것은 더 많은 에너지가 들어 스트레스였기 때문이다.

모두가 "좋은 짝꿍이 돼 주어야지"라고 마음을 먹고 이 과제에 임한다면, 이 과제가 목적하는 바인, 모두가 안전지대를 벗어나 성장으로 나아가는 방향으로 서로를 끌어주게 될 것이라 생각한다.

학생 H 🎤

특정 1인과 대화하며 내 자신을 소개하는 일은 지금까지 없었던 것 같다. 다 같이 모여 있는 장소, 상황에서만 소개했던 나를 한 사람에게만 말하는 것은 내 고민보다는 수월하다. 오히려 편안했던 기억이 있다. 서로를 소개하고 취미, 공통사, sns에 돌아다니는 간단한 심리테스트 등을 하며 놀다 보니 카페에서의 시간이 길지만은 않았던 것 같다. 그렇게 2시간 동안 얘기를 하다가 저녁을 먹으러 갔다. 저녁을 먹으면서도 다양한 얘기를 하였고 소화시킬 겸 학교 주변을 산책하며 대화를 이어 나갔다.

앞으로도 친구로 이어 나갈지는 확신할 수 없으나 이번 경험은 좋은 추억으로 남을 것 같다는 확신은 들었다. 처음에는 부담스러웠고 불편했지만 이 친구도 같은 생각이었을 것이다. 그러한 두 명의 사람이 만나 시간을 보내며 편하게 시간을 보냈다는 것은 결국 해보지 않은 행동에 대한 두려움, 혹은 "무지의 베일"과도 비슷하다는 것을 느꼈다. 앞으로도 나는 해보지 않은 것에 대한 두려움, 공포를 가질 수 있다. 하지만 그러한 영역을 좁혀가고 내가 해본 영역을 넓혀가며 교양을 쌓고 성장해 나아갈 수 있도록 노력할 것이다.

학생 E

> 활동을 종료한 후, 집에 들어가 카톡으로 마지막 인사를 했다. '같이 시간을
> 보내어 즐거웠고 집에 조심히 들어가세요.'라는 메세지를 주고 받았다. 처음에
> 는 많이 낯설었지만 대화를 하면서 서로의 공통점을 찾게 되니 편한 관계로 변
> 화할 수 있는 것이 신기했다. 또 나이 차이가 조금 있고 성별의 다름이 있는
> 데도 불구하고 편하게 과제 보고서를 쓸 수 있었다. 다음에 친구를 사귈 때
> 도 어렵다고 피하지만 말고 조금 더 다가가는 사람이 되어가겠다는 생각이
> 들었다.

이제 준비 됐는가? 새로운 친구를 만나서 시간을 보내는 전 과정을 통
해서 배우고 성찰하고 성장할 수 있길 바래본다.

🛏 생각해 볼 문제

1. 새로운 사람을 만나 관계를 만들어 갈 때 예의라고 생각하는 바는? 세 가
   지를 적어보자. 새로운 짝을 만났을 때 이 부분부터 나누며 시작하는 것은
   어떨까?

2. 서로를 알 수 있는 시간 보내기는 어떻게 채워질까?

3. 상대방을 알기 위해서는 어떤 질문들을 사용할 수 있을까?

제10장

함께 돌보는 가정

chapter

10

함께 돌보는 가정[1]

　2023년 여름부터 한국의 초저출생에 관한 뉴스가 세간을 시끄럽게 했다. 심지어 2023년 12월 2일 뉴욕타임즈(*The New York Times*)에는 "Is South Korea Disappearing?(한국이 사라지고 있는가?)"라는 제목의 기사가 실리기까지 했다. 이 기사를 쓴 로스 다우댓(Ross Douthat)은 제목만큼 비관적으로 한국의 미래를 예측하지는 않았지만, 2021년 미국 1.7명, 프랑스 1.8명, 이탈리아 1.3명, 캐나다 1.3명으로 대부분의 선진국이 1.5명의 출생률을 기록하는 것에 비교해, 장기적으로 2023년 2분기 0.7과 같은 출생률이 지속된다면 국가로서의 존속이 어려울 수 있는 위기에 처할 수 있다고 경고한다.[2]

　대한민국은 2001년 초저출생 사회로 진입했고, 저출생 문제는 급기야 2004년 국가적 의제로 선정된다. 2005년 「저출산·고령사회기본법」이 제정되었고, 대통령 직속 '저출산·고령사회 위원회'를 설치하기에 이른다. 제1차 저출산·고령사회 기본계획(2006~2010)부터 현재 2020년 수립된 제4차 저출산·고령사회 기본계획(2021~2025)을 거의 20년이나 추진해 왔지만,[3] 초저출생 현상은 잦아들지 않고 있으며 더욱 심각해지고 있는 상황이다.

1　이 챕터는 "저출생 문제 해결을 위한 목회신학적 제언: 함께 돌보는 사회를 꿈꾸며"이라는 제목으로 「목회와상담」 42 (2024), 226-254에 출판되었던 소논문을 기초하고 있음을 밝힌다.

2　Ross Douthat, "Is South Korea Disappearing?," *The New York Times* 2023.12.02. [온라인자료] https://url.kr/zkfxqb (2024.04.12. 최종 접속). 그에 따르면, "[0.7명이라는 출생률이 지속될 경우] 2060년대 오천만인 한국의 인구는 삼천 오 만명으로 줄게 될 것이고... 이러한 감소만으로도 한국은 충분한 경제적 위기를 겪게 될 것이다."

3　제1차 저출산·고령사회 기본계획(2006~2010), 제2차 저출산·고령사회 기본계획(2011~2015), 제3차 저출산·고령사회 기본계획 (2016~2020), 제4차 저출산·고령사회 기본계획 (2021~2025)을 수립 추진해 왔다.

다우댓은 한국에서의 출생률 감소의 원인을 "학업 경쟁에서의 독특하게 잔인한 문화"와 "전반적인 보수주의와 사회·경제적인 현대화의 상호작용"으로 손꼽고 있으며,[4] 최근 국토연구원의 연구 결과는 주택매매가격과 전세금 등의 주거비 상승 그리고 사교육에 대한 부담을 그 원인을 뽑고 있다.[5] 저출생 문제 해결을 위해 다양한 분야에서 해결책을 제시하고 있는 이 상황에서, 나는 성평등 관점을 가지고 함께 돌보는 사회를 만들어 가려는 노력이 절실하다고 주장한다. 돌봄을 여자가 해야 하는 일로 여기고 아내에게만 육아의 책임을 기대하는 것은 전통적인 성역할을 답습하는 것이다. 시대가 변하여 여자들이 교육을 받고 취업해서 집의 경제에 기여하고 있음에도, 돌봄을 여자의 일로 생각하는 젠더 역할에 대한 고정관념이 변화되지 않고 있다. 아내와 남편이 모두 아이가 태어난 뒤 유급 휴가를 받을 수 있는 육아 휴직이 제도화되어야 하며, 아버지들이 적극적으로 육아와 가사 노동에 참여할 수 있도록 인식개선을 해나가야 한다. 그 이유를 일하는 엄마들이 현재 겪고 있는 이중 삼중의 고통을 통해 이야기해 보자.

표 1 가구유형별 생활 시간(2019)[6]

(단위: 시간: 분)

구분	맞벌이가구			남성홀벌이 가구		
	전체	여성	남성	전체	여성	남성
개인유지	11:12	11:12	11:11	11:12	11:12	11:11
일	5:15	4:37	5:50	5:15	4:37	5:50
학습	0:03	0:03	0:04	0:03	0:03	0:04
가정관리	1:33	2:13	1:33	1:33	2:31	0:39
가족 및 가구원 돌보기	0:25	0:36	0:15	0:25	0:36	0:15

4 Douthat, "Is South Korea Disappearing?."
5 박진백·권건우, "저출산 원인 진단과 부동산 정책방향," 「국토정책 Brief」 947 (2024.1.2.), 4.
6 정성미 외, 「한국여성정책연구원 2022 연구보고서: 2022 한국의 성인지 통계」 (2022), 21, 55.

표 2 맞벌이 · 홀벌이 가구별 가사 시간[7]

(단위: 시간: 분)

구분		맞벌이 가구			남성 홀벌이 가구		
		전체	여성	남성	전체	여성	남성
2014	**가정관리**	**1:31**	**2:38**	**0:28**	**2:15**	**4:13**	**0:27**
	음식준비/정리	0:47	1:28	0:08	1:06	2:12	0:06
	가정용 섬유 및 신발관리	0:08	0:15	0:01	0:12	0:23	0:01
	청소 및 정리	0:22	0:35	0:09	0:32	0:59	0:08
	주거 및 가정용품 관리	0:01	0:00	0:01	0:01	0:01	0:01
	차량관리	0:00	0:00	0:01	0:00	0:00	0:01
	애완 동 · 식물 돌보기	0:02	0:02	0:02	0:03	0:04	0:02
	상품 및 서비스 구입	0:11	0:16	0:06	0:18	0:30	0:08
	기타 가정관리	0:02	0:02	0:01	0:02	0:03	0:01
	가족 및 가구원 돌보기	0:24	0:35	0:13	1:01	1:47	0:19
2019	**가정관리**	**1:33**	**2:31**	**0:39**	**2:16**	**4:05**	**0:33**
	음식준비/정리	0:45	1:20	0:12	1:04	2:03	0:08
	의류 관리	0:10	0:17	0:02	0:15	0:29	0:01
	청소 및 정리	0:21	0:31	0:11	0:29	0:50	0:09
	주거 및 가정용품 관리	0:01	0:01	0:01	0:01	0:01	0:01
	차량관리 및 유지	0:01	0:00	0:01	0:00	0:00	0:01
	반려 동물 및 식물 돌보기	0:03	0:04	0:03	0:05	0:07	0:03
	상품 및 서비스 구입	0:12	0:17	0:08	0:20	0:32	0:08
	기타 가정관리	0:01	0:02	0:01	0:03	0:04	0:01
	가족 및 가구원 돌보기	0:25	0:36	0:15	0:57	1:36	0:20

　　위는 한국여성정책연구원이 출간한 「2022 한국의 성인지 통계」에서 밝히고 있는 가구유형별 생활 시간(2019), 맞벌이 · 홀벌이 가구별 가사 시간과 가사 분담에서의 시간 할애를 보여준다. 1995년 맞벌이 가구가

7　앞의 보고서, 56.

33.4%인 것에 비해 2021년은 46.3%로 늘어났다. 현 경제 상황을 미루어 앞으로 남편 혼자서 생계를 부양하던 예전의 모습과는 달리, 많은 가정에서 부부 모두 취업자로 삶을 살아가게 되리라 예측하는 것은 큰 무리가 아니다. 경제생활의 모습은 이렇게 변했지만, 가정에서의 삶의 모습은 크게 변하지 않은 것을 표를 통해서 볼 수 있다.

남성 홑벌이 가정에서 생활시간 중 가정관리와 가족구성원을 돌보는데 여성이 3시간 07분을 사용하고, 남자는 54분을 사용하고 있다(여성이 세 배 이상 감당). 여자도 경제생활의 주체로 역할을 감당할 때 시간 분배는 어떻게 될까? 자료를 두 번 세 번 다시 확인했지만, 놀랍게도 아무런 변화가 없었다. 이러한 사실은 맞벌이·홑벌이 가구별 가사 시간을 보여주는 〈표 2〉를 통해서도 확인할 수 있다. 2014년 남성홑벌이 가정의 남성이 투자하는 가사 시간은 평균 27분이며 맞벌이의 경우 남성은 28분을 투자한다. 2019년에 맞벌이 부부의 남성이 38분, 남성 홑벌이 가정의 남성이 33분 가사 일을 분담하고 있지만(2014년 비교 약 10분의 시간이 증가), 맞벌이 부부의 여성이 2시간 31분, 남성 홑벌이 부부의 여성이 4시간 05분을 투자하는 것에 비하면, 턱없이 부족한 가사 일을 분담하고 있음을 확인할 수 있다.

이런 맥락에서 정희진의 다음과 같은 날 선 비판이 나온 것이리라: "대한민국에는 결혼한 여성을 위한 인프라와 사회적 존중 문화가 전무하다. 여성들은 더 이상 국가, 사회, 남성 개인의 변화를 기대하지 않는다. 대신 여성들은 진화생물학적 관점에서 아이를 낳지 않음으로써, 사회를 구하고 자신을 구하고 있다."[8] 아이들이 더 많이 태어나는 세상이 되기 위해서, 돌봄을 여자의 일로 여기는 인식을 바꾸고 여자와 남자가 돌봄 노동에 적극적으로 참여하는 일이 벌어져야 한다. 돌봄과 가사노동을 엄마의 일로 여기는 것이 아니라, 가족 구성원 모두가 참여하도록 인식개

---

8 정희진, "여성이 아이를 낳지 않는 가장 큰 이유-'노동'하지 않는 남성과 사회정의," in 애너벨 크랩/황금진 정희진 역 『아내가뭄』 (서울: 동양북스, 2016), 14.

선을 위한 노력이 필요하다.

　여성을 "돌보는 사람"으로 인식하는 성별에 대한 전통적인 이해는 전 세계적이어서, 돌봄과 가사 노동에서의 이와 같은 불평등은 한국에서만 일어나는 일이 아니다. 돌봄 노동은 유급이든 무급이든 인류와 사회가 번영해 가는 데 없어서는 안 될 영역이지만, 전 지구적으로 여성은 돌봄 노동의 4분의 3을 감당하고 있다.[9] 다음은 전 지구적으로 여성과 남성이 무급의 돌봄 노동에 투자하는 시간을 나타낸 표다.

표 3 무급 돌봄 노동과 유급 노동에 투자하는 하루의 시간[10]

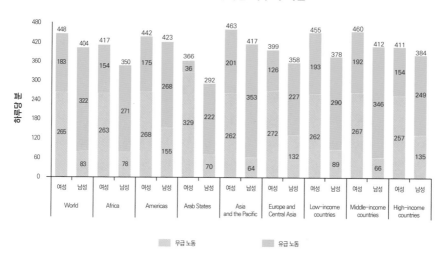

　표에 의하면 전 세계적으로 여자가 하루에 265분의 시간을 무급 돌봄 노동에 투자하는 것에 비교해 남자는 83분을 투자하는 것으로 여자가 약 3배 이상으로 무급 돌봄 노동을 전담하고 있다. 여성이 남성보다 가난한 이유가 돌봄 노동에서의 불평등으로부터 기인된 것은 아닐까 추정해 본다. 이반 일리치(Ivan Illich)는 "집에서 하는 대부분의 가사 노동, 장

9　International Labor Organization, *Care Work and Care Jobs: For the Future of Decent Work* (Geneva: IOL, 2018), v.

10　위의 글, xxx.

보기, ... 그리고 '가정 생활'이라는 이름으로 부르는 수많은 활동들"을 일컬어 "그림자 노동(shadow work)"[11]이라고 명명하면서, 그림자 노동이 명명되지 않고 연구되지 않을 때 그림자 노동이야말로 차별이 일어나는 주요 영역이라고 주장한다. 가정에서 여성들이 수행하고 있는 돌봄 노동은 엄청난 시간과 수고를 요구하기 때문에 가정에서 돌봄 노동을 수행해야 하는 책임을 진 여성은 일을 구할 때 고용형태가 불안정한 파트타임에만 접근 가능한 것이 현실이다.

딸 출산 이후 정규직을 버리고 프리랜서를 선택한 스테퍼니 스탈(Stephanie Staal)은 딸이 자신을 필요로 할 때 옆에 있기 위해 "시간을 유동적으로 쓸 수 있는" 고용 형태를 택할 수밖에 없었다고 한다.[12] 스탈의 이러한 경험은 자녀 양육이라는 돌봄에 대한 책임이 기대되는 일하는 엄마들이 처한 현실이다. 가정에서 이루어지는 돌봄 노동에서의 불공평함은 사적 영역에서 일어나는 하찮은 일에 머물지 않고 더 큰 차별을 낳는 원인이 되기 때문에 연구와 분석의 대상이 되어야 하고 해결책이 제시되어야 한다. 그런 이유에서 다른 나라들에서 이미 가정에서의 여성화된 돌봄 노동의 문제를 중요한 연구과제로 여기고 연구를 진행해왔다.

캘리포니아 주립대학 버클리대의 사회학부 교수 알리 혹실드(Arlie Hochschild)가 펴낸 책 제목 *The Second Shift*(1989)[13]는 그와 관련한 대표적인 연구 중 하나라 손꼽을 수 있다. 혹실드는 1976년부터 1988년까지 12년에 걸쳐 맞벌이 부부인 열두 가정을 관찰하고 맞벌이를 하면서 행복한 가정을 꾸리기 위한 방법을 모색했다. 일하는 남편에게 쉼터지만,

---

11 Ivan Illich, "Shadow Work," *Pillosophica* 26-2(1980), 8. 이 소고는 2015년 사월의 책에서 출판된 『그림자 노동』이라는 제목의 책의 한 챕터에 포함되어 있다.
12 스페퍼니 스탈, 『빨래하는 페미니즘』 고빛샘 옮김, (서울: 민음사, 2014), 242.
13 Arlie Russell Hochschild, *The Second Shift: Working Families and the Revolution at Home* (New York: Penguin Books, 2012). 이 책의 제목은 "2교대 근무"를 비유하는 말로 맞벌이 부부의 아내에게 가정은 여전히 일터임을 전달하고 있다. 『돈 잘 버는 여자 밥 잘 하는 남자』라는 제목으로 2001년 번역서가 출판되었다.

일하는 여자에게는 또다시 출근하는 마음으로 일을 해야 하는 일터로 변한 가정을 이야기하면서 하늘로 치솟는 미국에서의 이혼율의 원인 중 하나는 여성화된 돌봄 노동이라는 점을 전달하고 있다. 사회가 변하고 여성들은 변했지만, 대부분의 직장과 남자들이 이러한 변화에 적응하지 못하고 있어, 혹실드는 "미국 역사의 현 시기에, 가정과 직장 사이의 조화를 위해 맞벌이 가정이 고통을 받고 있지만, 가장 큰 희생자는 일하는 엄마들"[14]이라고 지적한다. 남자다움의 의미가 적극적으로 아이의 양육에 참여하는 등 돌봄 노동을 자신의 일로 여기는 남자들의 의식 변화가 이상적인 사회를 위해서 필요함을 역설하는 혹실드의 주장은 여성화된 돌봄이 주된 한국 사회에 큰 울림을 준다.

오스트레일리아 작가 애너벨 크랩(Annabel Crabb)의 "일하는 여성에게도 아내가 필요함"을 알리는 『아내가뭄(2016)』[15]에서 그리는 오스트레일리

Why women need wives

아 여성들의 삶 역시 한국이나 미국에서의 여성의 삶과 크게 동떨어져 있지 않다. 크랩이 인용한 한 연구에 따르면, "자녀가 있는 여성들은 전일제 근무를 하는 경우에는 전일제 근무를 하는 남편들보다 가사 노동을 두 배나 더 많이 한다. 남성은 일주일에 20시간 가사 노동을 하는 반면 여성은 일주일에 41시간 일한다."[16] 크랩은 오스트레일리아의 중요 분야에 여성 지도자가 현저하게 부족한 이유는 많은 남성 리더들에게는 아내가 있지만, 아내들에게는 돕고 돌봄을 제공해주는 아내가 없기 때문이라고 분석한다. 혹실

14 Ibid., 10.
15 애너벨 크랩, 『아내가뭄』 황금진 역, (서울: 동양북스, 2016). 이 책의 원작 *The Wife Drought*은 2014년 출간됐다.
16 Melanie Sanders et. al. "Creating a Positive Cycle: Critical Steps to Achieving Gender Parity in Australia," *Bain Report* (2013), 애너벨 크랩, 『아내가뭄』, 39에서 재인용.

드 역시 "불공평한 뒷바라지는 대부분 사람들의 시야에서 차단되어 있다"라고 이야기하면서 가정에서의 여가 시간에서의 차별이 임금 격차의 원인이 되고 있음을 설득력 있게 이야기하고 있다.

> 남녀 간의 임금 격차, 이혼율 상승으로 초래된 불안정한 결혼생활은 혁명[저자는 여성들의 경제활동 참여를 혁명이라 본다]을 지연시키고, 가사를 분담하지 않는 맞벌이 가정의 남편들에게 유리한 조건을 조성해주고 있다. […] 대부분의 가정에서 남자들이 일하는 시간을 여자들이 일하는 시간보다 더 중요하게 여긴다. 또 남자는 일하는 시간의 가치가 클수록 남자의 여가는 중요해진다. 여가 시간을 통해 힘을 재충전하고 야심을 키워야 출세할 수 있기 때문이다. 남자는 집안일을 덜 해야 직장에서 더 오래 일할 수 있고, 회사에서 자신의 충실함을 증명할 수 있고, 더 빨리 승진할 수 있다고 믿는다. 대부분의 가정에서 여자들은 집안일을 더 많이 해서 남편을 뒷바라지하려고 한다. 이렇게 여자는 남편의 뒷바라지를 받기보다 남편을 뒷바라지하는 쪽이기 때문에 야심이 없어지고, 적은 수입은 더 천천히 올라간다. 여자가 가사를 도맡는 것이 남녀 간의 임금 격차를 늘리는 데 한몫하고 있는 것이다.[17]

아내의 뒷바라지로 남편이 재충전하여 회사에 가서 더 충실히 일할 수 있는 것이라면 남편의 뒷바라지를 하느라 시간과 육체적 감정적 수고를 아끼지 않은 아내는 그만큼 탈진하게 되고 회사에 나가서 사용할 수 있는 에너지가 고갈되는 법이다. 이런 상황에서 가사를 도맡은 아내의 수입은 남편의 수입보다 적을 수밖에 없다. 일리치는 그림자 노동은 공식경제에 기여하지만, 임금이 주어지지 않는다는 면에서 "특이한 형태의 예속"[18]이라고 정의하면서, 미래 경제 성장을 위해 그림자 노동은 더욱 중요한 위치를 차지하게 될 것이고, 한 사람에게 요구되는 그림자 노동

---

17 알리 러셀 혹실드, 『돈 잘 보는 여자 밥 잘 하는 남자: 맞벌이 부부의 가사분담 이야기』백영미 옮김, (서울: 아침이슬, 2001), 279~280.

18 Illich, "Shadwo Work," 8.

의 양은 차별을 측정할 수 있는 척도와 같은 역할을 할 수 있다고 주장한다.[19] 이러한 일리치의 주장은 여가 시간의 차이로 결국 임금 격차의 결과를 경험할 수 밖에 없으며, 그로 인한 다양한 부차적 차별이 일하는 여성들의 삶의 고충을 심화하고 있는 원인이란 것을 생각할 수 있도록 해 준다.

저출생은 고스펙의 이기적인 여성들의 문제가 아니라, 국가의 문제이며 인류가 함께 책임져야 하는 문제다. 진화생물학적으로 배려가 없는 사회에서 생존하기 위해서 아이 낳기를 포기하거나 적은 아이를 낳기를 선택하고 있는 것이라면, 이 사회는 다른 선택을 할 수 있도록 더 나은 환경을 제시해야 할 책임이 있으며 이를 위해 사회를 구성하고 있는 모든 공동체의 의도적인 노력이 필요하다. 함께 돌봄이 이루어지는 나라들의 예를 소개하는 것은 도움이 될 것이라 생각하여, 출생률 반등에 성공한 나라 중 스웨덴의 예를 소개하고 싶다.

스웨덴에서는 1980년대 말에서 1990년대 초 경제 성장과 함께 여자 한 명당 출생한 아이가 2.1명이었던 것이 1997~1999년 사이 1.5명으로 감소했다가, 2004년 1.8명으로 증가하면서 출생률 반등에 성공했다.

스웨덴은 1974년 세계 최초로 일하는 엄마와 아빠 모두에게 유급 육아휴직을 의무화했고,[20] 유급 육아휴직 제도화 과정 처음부터 아버지들의 육아 참여를 적극적으로 권했다는 면에서 덴마크나 핀란드와 차별성을 가진다.[21] 필란드와 노르웨이는 스웨덴을 모델 삼아 아이 양육에서의 아버지들의 참여에 관심을 보이기 시작하면서 제도를 도입하고 있는 실정이다. 스톡홀름 대학 인구학 교수인

19 Ibid., 9.
20 Linda Haas, "Parental Leave and Gender Equality: Lessons from the European Union," *Review of Policy Reseach* 20-1 (2003), 106.
21 Ibid., Linda Haas, *Equal Parenthood and Social Policy* (Albany, NY: State University of New York Press, 1992).

리비아 올라(Livia Olah)는 아버지들이 육아휴직을 사용한 기간과 둘째 아이 출생과의 상관관계를 밝히는 흥미로운 연구에서 "스웨덴과 헝가리 두 나라 모두에서 전통적인 성역할을 유지하는 가정들에 비교해서 남편과 아내 모두가 경제활동과 집에서의 돌봄 노동을 공유할 때 둘째 아이 출생 확률이 높아졌다"[22]는 결과를 발표한다. 스웨덴이 사회와 가정 차원에서 성평등이 이루어진 곳이라면, 헝가리는 가정에서 전통적인 성역할이 유지되지만 아내 역시 생계부양자로서의 역할을 감당하고 있는 나라로 현재 우리나라의 모습과 유사하다 볼 수 있다.

오스트레일리아 국립 대학 인구학 교수인 맥도날드(Peter McDonald)는 출생률 변화이론에서 젠더 평등(gender equity)의 중요성을 일찍이 주장했다. 그는 출생률 감소를 설명하는 전통적인 이론들이 여성들의 삶에서 변화가 먼저 일어났고, 후에 출생률의 감소가 따라왔다고 설명하지만, 여성들의 삶에 변화가 먼저 일어났기 때문이 아니라, 여성이 아이를 갖거나 갖지 않기로 결정하는 것은 출산 후 삶의 질을 유지하기 위한 것이라는 가설을 가지고 전통적 이론들이 한계를 가지고 있음을 지적한다.

저출생의 원인을 설명하던 전통적 이론으로는 여성의 취업과 경제력을 원인으로 보는 '현대 가계 경제학(New Home Economics)'과 포스트모던 시대의 변화된 가치관을 이유로 뽑았던 '제2차 인구변천 이론(The second demographic transition)'이 있다.[23] 이 이론들은 한때 설득력을 가졌지만, 2000년대 이후 유럽 국가들에서의 출생률 반등의 원인을 설명하지 못한다. 프랑스와 네델란드를 포함한 북유럽국가는 1960년대 2.5~2.8의 출생률이 1980년대 중반 1.5로 최저점을 찍은 후 점차적으로 회복되어

---

22 Livia Sz. Olah, "Gendering Fertility: Second Births in Sweden and Hungary," *Population Research and Policy Review* 22 (2003), 171.

23 Gary S. Becker, "An economic analysis of fertility," in *Demographic and Economic Change in Developed Countries* (Princeton: Princeton University Press, 1960), 209-231., Ron Lesthaeghe, "The Unfolding Story of the Second Demographic Transition," *Population and Development Review* 24-1 (2010), 211-251.

1.8~2.0을 유지하고 있고, 미국과 영국에서도 1970년대 1.7로 최저점을 찍은 후 2.0으로 회복되었다.[24] 북유럽 국가들과 미국과 영국에서 출생률 반등이 일어나고 있는 것은 전통적인 성역할에 대한 경계선이 무너지고, 남자들이 적극적으로 돌봄 노동에 가담하기 때문이라고 하는 이론들이 힘을 얻고 있다.[25] 에스핑-앤더슨(Esping-Andersen)과 빌라리(Billari)의 연구에서 소개하는 아래의 표 역시 저출생문제 해결을 위해 성평등 관점을 택해야 하는 이유를 한눈에 볼 수 있도록 그리고 있다.

표 4 여성혁명과 출생율 추이[26]

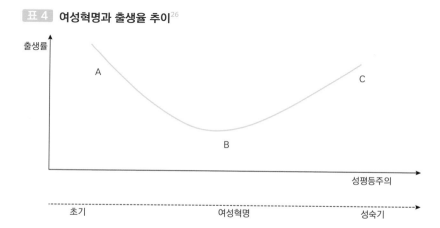

24 Gøsta Esping-Andersen and Francesco C. Billar, "Re-theorizing Family Demographics," *Population and Development Review* 41(2015), 2-3.

25 Ann-Zofie Duvander and Gunnar Andersson, "Gender Equality and Fertility in Sweden: A Study on the Impact of the Father's Uptake of Parental Leave on Contiuned Childbrearing," *Marriage and Family Reivew* 39 (2006), 121~142., Stefanie Brodmann, Gøsta Esping-Andersen and Maria Güell, "When Fertility Is Bargained: Second Births in Denmark and Spain," *European Sociological Review* 23-5(2007), 599~613., Ann-Zofie Duvander, Trude Leppegard and Gunnar Anderson, "Family Policy and Fertility: Fathers' and Mothers' Use of Parental Leave and Continued Childbearing in Norway and Sweden," *Journal of European Social Policy* 20-1(2010), 45~57. 김영미, "출산과 성평등주의 다층분석," 「경제와사회」 112(2016), 41~74., 류아현 · 김교성, "젠더 평등과 출산율의 관계에 대한 실증: OECD 국가 간 비교를 중심으로," 「여성연구」 112(2022), 5~34.

26 Esping-Andersen and Billari, "Re-theorizing Family Demographics," 9. "여성혁명"이란 용어는 "여성 역할에서의 혁명(revolution in women's roles)"의 줄임말임.

표는 여성 역할에서의 혁명(이후 '여성혁명')이 진행됨과 출생률 변화의 추이를 그리고 있다. A 지점은 여자들이 집안에서 가사와 육아를 담당했고, 가정의 생계가 남자 홀벌이로 유지되었던 기간으로 상대적으로 높은 출생률을 가진다. B 지점은 경제·사회적 발전과 함께 여성들의 사회진출이 많이 이루어져 여성들의 역할이 확대된 사회를 의미한다. 에스핑-앤더스와 빌라리는 B 지점을 일컬어 "여성혁명은 진보했지만, 사회가 이에 적응하지 못하는 기간"[27]이라 칭한다. 여자들은 사회로 진출했지만, 사회 전반에 걸쳐 전통적 성역할에 대한 인식이 유지되기 때문에 집안으로 남자들이 들어오는 속도가 더디고, 사회적 제도가 마련되지 않아 여전히 육아와 가사 노동은 여자가 도맡게 되는 사회를 의미하는 것으로 바로 오늘날 한국 사회와 같은 과도기에 있는 국가들이 B 지점을 지나고 있는 것이라고 말할 수 있겠다.

여성혁명이 성숙기에 이르는 C 지점에서 출생률 반등이 이루어지는데, C 지점은 성별과 상관없이 원함에 따라 직업을 갖고 아이를 돌보고 집안 살림 유지에 필요한 노동 참여가 일상이 되는 젠더 평등주의가 널리 실천되는 지점을 의미한다. 이러한 에스핑-엔더슨과 빌라리의 주장은 류아현과 김교성의 "젠더 평등과 출산율의 관계에 대한 실증"이라는 연구를 통해서 실증적으로 확인된바, 이들은 저출생 극복을 위해서 "여성과 남성이 모두 '생계부양자'인 동시에 '돌봄제공자'가 되어야 할 것"[28]이라고 주장한다. 이러한 연구들을 바탕으로 우리 정부는 2019년 2월 제3차 「저출산·고령사회 기본계획」을 수정·제안하면서 저출생의 요인으로 "노동시장 성 차별, 독박육아, 여성 경력단절 등 불평등한 노동·양육 여건"[29]을 지목하고 성평등한 노동·양육여건의 확립이 필요함을 지적한

---

27 Ibid., 8.

28 류아현·김교성. "젠더 평등과 출산율의 관계에 대한 실증: OECD 국가 간 비교를 중심으로." 「여성연구」 112(2022), 27.

29 대한민국정부, 『제3차 저출산·고령사회 기본계획[수정본]』 (2019.2.) 발간등록번호: 11-135200-002572., 8.

것이라고 추정한다. 『돌봄민주주의』에서 조안 트론트는 민주주의적 돌봄의 실천을 '함께 돌봄(caring with)'[30]으로 규정하고 있는데, 저출생 문제 해결을 위해서 성별에 상관없이 모두가 돌봄에 참여하는 함께 돌보는 사회를 향해 나아가는 것이 중요한 과제라고 여겨진다.

| **그림 1 모두 함께 돌봄 노동에 참여하는 가정**

최근 MZ 세대에게 결혼이란 주제가 크게 흥미를 끌고 있지 않고 비혼을 주장하는 사람들도 많지만, 대학을 졸업하고 취업을 하고 어느 시점에서는 결혼이라는 선택을 인생의 계획표에 두고 있다면, 내가 꾸릴 가정에서 아내로서, 남편으로서 나의 역할은 무엇일지 생각해 볼 수 있기를 바란다. 일하는 며느리를 기대하는 아들을 둔 부모님을 상상해 보자. 어머니는 아들에게 "장가가면 이것쯤은 할 줄 알아야 해"하면서 밥 짓는 법을 가르쳐 주셨을까? 부모님도 자녀도 모두 결혼하면 당연히 부엌일은 아내가 해야 한다고 하는 젠더 고정관념에 갇혀 있는 것은 아닐까?

---

30   조안 트론트, 『돌봄민주주의』 김희강 · 나상원 옮김, (서울: 박영사, 2021), 64.

부부 모두가 아침 출근을 준비하는 모습이 당신이 그리는 일상이라면 아침 밥 준비는 누구의 책임이 돼야 하는 건지 고민해 볼 수 있길 바란다. 또 아이를 갖기로 결정했다면 육아의 책임은 누가 가져야 할까?

엄마가 본능적으로 아이를 잘 키울 수 있다는 생각역시 젠더 고정관념이다. 스웨덴의 육아휴직 제도에 관한 연구를 통해 미국 내에서 아이 양육에 부모 모두가 참여하도록 하는 제도 마련을 위한 책을 집필한 사회학자 린다 하스(Linda Haas)에 따르면, 과학자들은 아이를 출산하면서 일어나는 호르몬 변화나 유전적 요인들로 인해서 여자가 아이를 더 양육할 수 있는 모성본능(maternal instinct)을 가졌다는 개념에 대해서 반대한다.[31] 영장류에 대한 연구를 통해 아이 양육을 하는 능력은 선행 학습과 자기 자신이 양육받은 경험에 기초하는 것이지 생물학적 성별에 기반을 두고 있는 것이 아니라는 것이다.

병원, 실험실, 또는 가정 등에서 신생아나 유아들을 남자들이 어떻게 돌보는지 관찰한 실험 등은 모성본능이란 것은 없다는 것과 남자들이 태생적으로 아이를 돌보는 데 능력이 덜하다는 것을 입증했다고 이야기한다. 그러면서 아빠들에게도 엄마들이 아이와 보내는 시간만큼 충분히 아이와 시간을 보내는 기회가 주어진다면 엄마들이 아이의 신호를 빠르게 알아채는 것처럼 아빠들 역시 아이가 주는 신호를 빠르게 알아차릴 수 있다는 것을 입증해 주었다는 다수의 연구들을 소개한다.[32] 생물학적인

---

31 Linda Haas, *Equal Parenthood and Social Policy: A Study of Parental Leave in Sweden* (New York: State University of New York Press, 1992), 3.

32 Linda Haas, *Equal Parenthood and Social Policy*, 4. 하스 교수가 소개하는 연구 중 일부를 소개하면 다음과 같다: Jay Belsky, "Mother-Father-Infant Interaction: A Naturalistic Observational Study," *Developmental Psychology* 15, 601-607., Tiffany Field, "Interaction Behaviors of Primary Vs. Secondary Caretaker Fathers," *Developmental Psychology* 14, 183-184., C. Philip Hwang, "Smarbarnspappor[Father of Small Children]", in *Faderskap[Fatherhood]* edited by C. Philip Hwang (Stockholm: Natur och Kultur, 1985), 15-38., L. Collette Jones, "Father-Infant Relationships in the First Year of Life," in *Dimensions of Fatherhood* edited by Shirley Hanson and Frederick Bozett (Beverly Hills: Sage,

차이가 아이를 돌보는 능력을 결정하는 것이 아니라, 아이와 많은 시간을 보내는 것이 중요하다는 것이다.

여자와 남자가 아이에게 반응하는 방식은 비슷하다는 것을 많은 연구들은 밝히고 있다. 젠더 고정관념에서 벗어난 아버지들의 적극적인 돌봄 노동에로의 참여가 일어날 때 초저출생문제의 해결의 실마리가 찾아질 것이다. 그러므로 "일하는 여성에게도 아내가 필요하다"라는 주장을 펼치는 오스트레일리아 작가 애너벨 크랩의 『아내가뭄(2016)』은 현 시대의 문제 해결을 위해 시사하는 바가 크다 여겨진다. 아내가뭄을 해소시킬 수 있는 소낙비가 쏟아질수 있기를, 가뭄 해소를 위한 충분한 물 공급이 이루어 지도록 하는 댐 역할을 하는 사회적 제도가 마련될 수 있기를 간절히 바란다.

🛋 생각해 볼 문제

1. 우리 집에서 이루어지는 돌봄 노동에는 무엇이 있을까?

2. 가족 구성원들 모두의 생활 시간 중에서 집안에서의 돌봄 노동은 얼마나 하고 있는지 생각해 보고, 우리 집에서의 여가 시간의 불평등의 현주소를 생각해 보자.

3. 우리 집에서의 여가시간의 불평등을 해소하기 위한 나의 결심은?

4. 결혼을 한 후 아이 양육과 가사 노동은 누가 하면 좋을까?

1985), 92-114., Michael Lamb, "Fathers and Child Development: An Integrative Review," in *The Role of the Father in Child Development* edited by Michel Lamb (New York: Wiley, 1981), 1-71.

참고문헌

김경집.『진격의 10년, 1960년대』. 서울: 동아시아, 2022.

김민섭.『훈의 시대: 일, 사람, 언어의 기록』. 서울: 미래엔, 2018.

김연희 · 김명희. "TV 애니메이션 '뽀롱뽀롱 뽀로로'에 등장하는 캐릭터의 성차 분석."「열린유아교육연구」17 (2012), 611-634.

김영미. "출산과 성평등주의 다층분석."「경제와사회」112(2016), 41~74.

김지영. "[방송]MBC 다큐 '노인들만 사는 마을'...주민 평균연령 76세." 동아일보 2009.09.30.일자 온라인 뉴스: (2024.06.04. 최종접속).
https://www.donga.com/news/Culture/article/all/20051118/8248629/9

김영희 · 문승태 · 강희순. "대학생의 성적 자기주장에 영향을 미치는 요인."「여성건강간호학회지」19-3 (2013), 166-175.

김채윤 · 김용화. "폭력예방교육 내실화를 위한 제언: 대학 사례를 중심으로."「아시아여성연구」61-3 (2022), 41-64.

대한민국정부.「제3차 저출산 · 고령사회 기본계획[수정본]」(2019.2.) 발간등록번호: 11-135200-002572.

대한민국 교육부.「보도자료: 경제협력개발기구(OECD), 국제 학업성취도 평가 (PISA) 2022결과 발표」. (2023.12.05.).

드 발, 프란스.『차이에 관한 생각』. 이충호 옮김. 서울: 세종서적, 2022.

류아현 · 김교성. "젠더 평등과 출산율의 관계에 대한 실증: OECD 국가 간 비교를 중심으로."「여성연구」112(2022), 5~34.

밀렛, 케이트.『성 정치학』. 김유경 옮김. 서울: 썸앤파커스, 2020. 원작 Sexual Politics는 1969년 출판됨.

박상혁. "[3 · 8세계여성의날]한국, 유리천정지수 11년째 '꼴찌'." 여성신문 2023년 3월 8일자 온라인 뉴스 https://www.womennews.co.kr/news/articleView.html?idxno=233732 (2024년 6월 3일 최종 접속).

박세미. "'자살 1위국' 핵심은 40~60대 남성_벼랑 끝에 선 중 · 노년... 무엇이 죽

음으로 내모나." 주간조선 2024년 4월 17일 온라인 뉴스. (2024.04.17. 최종
접속).

https://www.chosun.com/site/data/html_dir/2009/12/16/2009
121601545.html

박진백 · 권건우. "저출산 원인 진단과 부동산 정책방향."「국토정책 Brief」 947
(2024.1.2.).

브라운, 크리스티아 스피어스. 『핑크와 블루를 넘어서』. 안진희 옮김. 파주: 창비,
2018.

서울시 · 한국여성의전화. 『F언니의 두 번째 상담실: 데이트 폭력 대응을 위한 안
내서』. 발간등록번호 51-6110000-001738-01.

손아람. "차별은 비용을 치른다." 세바시 강연 848회, 온라인 자료:
https://www.youtube.com/watch?v=cYuFnDyARBw (2024.04.25. 최종 접속)

손희정. "역사가 된 기록, 그러나 여전히 새로운 페미니즘 선언." in 수잔 팔루디,
『백래시』. 황성원 옮김. 파주: 아르테, 2018, 7-17.

스탈, 스페퍼니. 『빨래하는 페미니즘』. 고빛샘 옮김. 서울: 민음사, 2014.

울스턴크래프트, 메리. 『여성의 권리 옹호』. 문수현 옮김. 서울: 책세상, 2019.
초판은 2011.

안숙희 · 박인숙 · 한진숙 · 김태임 · 곽명순 · 정희숙. "대학생의 생식기 관련 건
강행위, 생식건강력 및 성행위 실태."「여성건강간호학회지」 14-3 (2008),
205-212.

알포트, 고든. 『편견: 사회심리학으로 본 편견의 뿌리』. 석기용 옮김. 서울: 교양
인, 2020. 원작 The Nature of Prejudice 는 1954년 출판됨.

양동옥. "성적욕구를 표현하는 서로 좋은 방법." 세바시 강연 792회 (온라인 자료)
https://www.youtube.com/watch?v=CfPH5wizg3o (2024.06.06. 최종접속.)

오경민. "전 세계 유튜브 조회수 1위 '아기상어' 만든 더핑크퐁컴퍼니 '성역할 ·인
종표현 세심하게 고려해야죠'." 경향신문 2022.12.21. (2024.07.26. 최종접속).
"https//www.khan.co.kr/culture/culture-general/article/202212211746001"
https://www.khan.co.kr/culture/culture-general/article/202212211746001

이선명. "박보영 '유모차 → 유아차' 자막두고 '싫어요' 테러행렬 '시끌'." 스포츠경
향 2023.11.04. (2023.12.26. 접속).

https://sports.khan.co.kr/entertainment/sk_index.html?art_id=2023110318
05003&sec_id=540101

이유리. "한국의 자살 추이와 대응" in 『한국의 사회동향 2023』 발간등록번호
11-1240245-000014-10, 103-111.

이효주. "저출생 문제 해결을 위한 목회신학적 제언: 함께 돌보는 사회를 꿈꾸며."
「목회와상담」 42 (2024), 226-254.

에드워즈, 진. 『하나님의 딸들』. 임정은 옮김. 서울: 죠이북스, 2009.

장미경, "한국 여성운동의 어제와 오늘." in 『새 여성학: 국사회, 여성, 젠더』. 한
국여성연구소 엮. 파주: 동녘, 2016, 306-330.

정성미 · 양준영 · 임연규 · 이진숙 · 박송이. 「2022 한국의 성인지 통계」. 한국여
성정책연구원 2022 연구보고서 21.

정시내. "韓 '유리천장 지수' 12년째 꼴찌…"일하는 여성에 가혹한 나라." 중
앙일보 2024년 03월 07일자 인터넷 뉴스 https://www.joongang.co.kr/
article/25233675#home (2024.06.03. 최종 접속).

정희진. "여성이 아이를 낳지 않는 가장 큰 이유-'노동'하지 않는 남성과 사회정
의." in 애너벨 크랩/황금진 정희진 옮김. 『아내가뭄』. 서울: 동양북스, 2016,
8~15.

정희진. "여성주의는 양성평등일까?." in 『양성평등에 반대한다』. 정희진 엮음.
서울: 교양인, 2019, 7-19.

_____. 『페미니즘의 도전: 한국 사회의 일상의 성정치학』. 서울: 교양인, 2020.
초판 2005.

조국. 『디케의 눈물: 대한검국에 맞선 조국의 호소』. 파주: 다산북스, 2023.

지바 마사야. 『공부의 철학』. 박제이 옮김. 서울: 책세상, 2018.

트론트, 조안. 『돌봄민주주의』. 김희강 · 나상원 옮김. 서울: 박영사, 2021.

통, 로즈마리. 『페미니즘: 교차하는 관점들』. 김동진 옮김. 서울: 학이시습, 2019.

판트리흐트, 옌스. 『남성해방』. 김현지 옮김. 서울: 책펴냄터 노닐다, 2023.

포터, 토니. 『맨 박스: 남자다움에 갇힌 남자들』. 김영진 옮김. 서울: 한빛비즈,
2019.

크랩, 애너벨. 『아내가뭄』. 황금진 옮김. 서울: 동양북스, 2016. 원작 The Wife
Drought은 2014년 출간.

한국여성정책연구원. 『2022년 가정폭력실태조사 연구』. 여성가족부, 2022.

혹실드, 알리 러셀. 『돈 잘 보는 여자 밥 잘 하는 남자: 맞벌이 부부의 가사분담 이야기』. 백영미 옮김. 서울: 아침이슬, 2001.

혹스, 벨. 『남자다움이 만드는 이상한 거리감: 페미니스트가 말하는 남성, 남성성, 그리고 사랑』. 이순영 옮김. 서울: 책담, 2017.

Beauvoir, Simon de. *The Second Sex*. Translated by Constance Borde and Sheila Malovany-Chevallier. New York: Vintage Books, 2010. Original publication in 1949.

Becker, Gary S. "An Economic Analysis of Fertility." In *Demographic and Economic Change in Developed Countries*. Princeton: Princeton University Press, 1960. 209-231.

Boroditsky, Lera., Lauren A. Schmidt, and Webb Philips. "Sex, Syntax, and Semantics." In *Language in Mind: Advance in the Study of Language and Thought*. Edited by Dedre Gentner and Susan Goldin-Meadow. Cambridge, MA: MIT Press, 2003, 61-79.

Boroditsky, Lera. "How Languages Construct Time." In *Space, Time and Number in the Brain: Searching for the Foundations of Mathmatical Thought*, Edited by S. Dehaene and E. Brannon. Cambridge, MA: Elsevier Academic Press, 2011, 333-341.

Brodmann, Stefanie Costa, Gøsta Esping-Andersen, and Maria Güell. "When fertility is bargained: Second Births in Denmark and Spain." *European Sociological Review* 23-5(2007), 599~613.

Catcher, Jess. "11 Ordinary Things Women Weren't Allowed to Do in The '50s and '60s." (온라인 자료): https://littlethings.com/lifestyle/things-women-couldnt-do-50s (2024.04.17. 최종접속).

CBC News, "Swedish Toy Company Puts Out Christmas Catalogue with "Gender Neutral" Photos," November 28, 2012. 온라인자료: https://www.cbc.ca/strombo/news/swedish-toy-company-puts-out-christmas-catalogue-with-gender-neutral-photos (2024.06.13. 최종접속).

Colapinto, John. *As Nature Made Him: The Boy Who Was Raised as a Girl*. New

York: Harper Perennial, 2000.

Coontz, Stephanie. *The Way We Never Were: American Families and the Nostalgia Trap*. New York: HarperCollins, 1992.

_____. *Marriage, a History: How Love Conqured Marriage*. New York: Penguin Books, 2005.

Douthat, Ross. "Is South Korea Disappearing?," *The New York Times* 2023.12.02. [온라인자료] https://url.kr/zkfxqb (2024.04.12. 최종접속).

Darwin, Charles. Charles Darwin to C.A. Kennard, 9 January, 1882, Darwin Correspondence Project, https://www.darwinproject.ac.uk/letter/DCP-LETT-13607.xml (2024.03.21. 접속).

Duvander, Ann-Zofie and Gunnar Andersson. "Gender Equality and Fertility in Sweden: A Study on the Impact of the Father's Uptake of Parental Leave on Contiuned Childbrearing." *Marriage and Family Review* 39 (2006), 121~142.

Duvander, Ann-Zofie, Trude Leppegard and Gunnar Anderson. "Family Policy and Fertility: Fathers' and Mothers' Use of Parental Leave and Continued Childbearing in Norway and Sweden." *Journal of European Social Policy* 20-1(2010), 45~57.

Esping-Andersen, Gøsta and Francesco C. Billari. "Re-theorizing Family Demographics." *Population and Development Review* 41-1(2015), 1~31.

Fredrickson, Barbara L. Positivity: *Discover the Upward Spiral that Will Change Your Life*. New York, Harmony Books, 2009.

Gilligan, Carol. "Woman's Place in Man's Life Cycle." *Harvard Educational Review* 49 (1979), 431-446.

Goldenberg, Suzanne. "Why Women Are Poor at Science, by Harvard President." *The Guardian* Tue 18 Jan, 2005, (2024. 03. 21. 접속). https://www.theguardian.com/science/2005/jan/18/educationsgendergap.genderissues

Gottmann, John. *The Marriage Clinic: A Scientifically Based Marital Therapy*. New York: Norton and Company, 1999.

Haas, Linda. *Equal Parenthood and Social Policy: A Study of Parental Leave in*

Sweden. Albany, NY: State University of New York Press, 1992.

_____. "Parental Leave and Gender Equality: Lessons from the European Union." *Review of Policy Reseach* 20-1 (2003), 89~114.

Hambly, Bob. "Pink+Blue." Colour Studies Bob Hambly (온라인 자료): https://www.colourstudies.com/blog/2017/5/16/pink-vs-blue (2024.05.07. 최종접속).

Hemel, Daniel J. and Zachary M. Seward. "Summers: 'I Was Wrong.' *The Harvard Crimson* (January 20, 2005). (2024.03.21. 접속). https://www.thecrimson.com/article/2005/1/20/summers-i-was-wrong-facing-mounting/

Hochschild, Arlie Russell. *The Second Shift: Working Families and the Revolution at Home*. New York: Penguin Books, 2012.

Holter, Øystein Gullvåg. ""What's in it for Men?": Old Question, New Data." *Men and Masculinities* 17-5 (214), 515-548.

hooks, bell. *Teaching to Transgress: Education as the Practice of Freedom*. New York: Routledge, 1994.

Hyde, Janet S. "The Gender Similarities Hypothesis." *American Psychologist* 60 (2005), 581-592.

Hyde, Janet S., Sara M. Lindberg, Marcia C. Linn, Amy B. Ellis, and Caroline C. Willimams. "Gender Similarities Characterize Math Performance." *Sicence* 321-5888 (2008), 494-495.

Illich, Ivan. "Shadow Work." *Pillosophica* 26-2 (1980), 7-46.

International Labor Organization. *Care Work and Care Jobs: For the Future of Decent Work*. Geneva: IOL, 2018.

Kahlenberg, Sonya M. and Richard W. Wrangham. "Sex Differences in Chimpanzees' Use of Sticks as Play Objects Resemble Those of Children." *Current Biology* 24 (2010), R1067-R1068.

Kang, Bing. "It's Time to Fight the Burdensome Betrothal Money." *China Daily* 2023.05.16.일자 온라인 뉴스: https://www.chinadaily.com.cn/a/202305/16/WS6462ce55a310b6

054fad 318b.html (2024.06.04. 최종접속).

Lee, Seung-joon. "SlutWalk Movement Arrives in S.Korea." *Hankyoreh* 2011.07.18. (온라인자료): https://english.hani.co.kr/arti/english_edition/e_national/487882

Maglaty, Jeanne. "When Did Girls Starts Wearing Pink?: Every Generation Brings a New Definition of Masculinity and Femininity that Manifestes Itself in Children's Dress." *Smithsonian Magazine* (April 7, 2011), (온라인자료): https://www.smithsonianmag.com/arts-culture/when-did-girls-start-wearing-pink-1370097/

McClung, Jocelyn. "John Gray looks back at 'Men Are From Mars'." *USA TODAY* 2013.10.30. (2024.01.05. 접속). https://www.usatoday.com/story/life/books/2013/10/30/men-are-from-mars-women-are-from-venus/3297375/

McElwain, Gregory S. *Mary Midgley: An Introduction*. London: Bloomsbury Academic, 2019.

Mead, Margaret. *Sex and Temperament in Three Primitive Societies*. New York: Willima Morrow and Company, 1963. Originally published in 1935.

_____. *Male and Female*. New York: HarperCollins, 2001. Originally published in 1949.

Nelson, Anders. "Children's Toy Collection in Sweden: A Less Gender-Typed Country?." *Sex Roles* 52 (2005), 93-102.

Olah, Livia Sz. "Gendering Fertility: Second Births in Sweden and Hungary." *Population Research and Policy Review* 22 (2003), 171~200.

Ratchford, Sarah and Galit Rodan. "We Visited Toronto's SlutWalk." *Vice* 2014.07.15. (온라인 자료): https://www.vice.com/en/article/vdqxyx/we-went-visited-torontos-slutwalk- 2014-349

Pauch, Randy and Jeffrey Zaslow, *The Last Lecture*. New York, Hyperion, 2008.

Pilkington, Ed. "SlutWalking Gets Rolling After Cop's Loose Talk about Provocative Clothing." *The Guardian* 6 May 2011 (온라인 자료):

https://www.theguardian.com/world/2011/may/06/slutwalking-policeman-talk-clothing

Slobin, Dan Isaac. "From "Thought and Language" to "Thinking for Speaking"." In *Rethinking Linguistic Relativity*. Edited by John J. Gumperz and Stephen C. Levinson. Cambridge, United Kingdom: Cambridge Univerity Press, 1996, 70-96.

Sommers, Christina Hoff. "You Can Give a Boy a Doll, but You Can't Make Him Play with It." *The Atlantic*. December 6, 2012. 온라인자료: https://www.theatlantic.com/sexes/archive/2012/12/you-can-give-a-boy-a-doll-but-you-cant-make-him-play-with-it/265977/ (2024. 06. 13 최종접속).

Todd, Brenda K., Rico A. Fisher, Steven Di Costa, Amanda Roestorf, Kate Harbour, Paul Hardiman, and John A. Barry. "Sex Differences in Children's Toy Preferences: A Systematic Review, Meta-Regression, and Meta-Analysis." *Infant and Child Development* 27 (2018), e2064. 1-29.

Umera-Okeke, Nneka. "Linguistic Sexism: An Overview of the English Language in Everday Discourse," *Afrrev Laligens* 1 (2012), 1-17.

Unicef. "Gender-based Violence in Emergencies." 온라인 자료, (2024.04.25. 최종접속). https://www.unicef.org/protection/gender-based-violence-in-emergencies

United Nations. *Transforming Our World: The 2030 Agenda for Sustainable Development*. 2015.

_____. "Declaration on the Elimination of Violence against Women." (20 December 1993), 온라인 자료: https://www.ohchr.org/en/instruments-mechanisms/instruments/declaration-elimination-violence-against-women (2024.05.01. 최종접속).

UN Women. *Why Gender Equality Matters Across All SDGS*. USA: UN Women, 2018.

_____. *A Short History of the Commission on the Status of Women*. New York: UN Women, 2019.

U.S. Department of State. "Gender and Gender-Based Violence." 온라인 자료,

(2024.04.25. 최종접속).

https://www.state.gov/other-policy-issues/gender-and-gender-based-violence/

Watson, Emma. "Gender Equality is Your Issue, too." (온라인 자료):

https://www.unwomen.org/en/news/stories/2014/9/emma-watson-gender-equality-is-your-issue-too (2024.04.28. 최종 접속).

World Economic Forum. *Global Gender Gap Report* 2023. June, 2023.

World Health Organization. "Gender and Health." (온라인 자료):

https://www.who.int/health-topics/gender#tab=tab_1 (2024.05.06. 최종접속).

_____. *Strategy for Integrating Gender Analysis and Actions into the Work of WHO*. Geneva: Department of Gender, Women and Health, 2008.

_____. *Evidence for Gender Responsive Actions to Prevent and Manage Overweight and Obesity: Young People's Health as a Whole-of-Society Response*. Copenhagne, Denmark: WHO Regional Office for Europe, 2011.

성(性)과 사랑

초판발행	2024년 8월 31일
지은이	이효주
펴낸이	안종만·안상준
편 집	조영은
기획/마케팅	정연환
표지디자인	BEN STORY
제 작	고철민·김원표
펴낸곳	(주) 박영사
	서울특별시 금천구 가산디지털2로 53, 210호(가산동, 한라시그마밸리)
	등록 1959.3.11. 제300-1959-1호(倫)
전 화	02)733-6771
f a x	02)736-4818
e-mail	pys@pybook.co.kr
homepage	www.pybook.co.kr
ISBN	979-11-303-2094-6 93330

*파본은 구입하신 곳에서 교환해 드립니다. 본서의 무단복제행위를 금합니다.

정 가	17,000원

성(性)과
사랑

PRINTED WITH
SOY INK.

*환경을 생각하여 콩기름 잉크로 제작했습니다.

ISBN 979-11-303-2094-6   93330
값 17,000원   WWW.PYBOOK.CO.KR